Contents
目次

第1章　図書館システムのデータ移行問題検討会報告書 ………… 3

1. はじめに　　4
2. 公共図書館における図書館システム　　4
3. 公共図書館におけるシステム更新の課題　　5
4. 図書館システムのデータ移行問題検討会の設置経緯　　6
5. 検討会での検討経過　　6
6. 検討内容　　7
7. データ移行仕様書の考え方　　8
8. 各データ移行仕様書と解説　　12
9. 地方公共団体が使用するシステムについての国の動向　　16
10. 今後の課題　　17
11. 移行仕様書の活用に向けて　　19

別紙　①ローカルデータ移行仕様書　　20
　　　②利用者データ移行仕様書　　25
　　　③貸出データ移行仕様書　　30
　　　④予約データ移行仕様書　　31
　　　⑤発注データ移行仕様書　　34

資料　「図書館システムのデータ移行問題検討会報告書」に対する意見と検討会の考え　　37
　　　図書館システムのデータ移行問題検討会の開催経過　　41
　　　図書館システムのデータ移行問題検討会設置要項　　43
　　　図書館システムのデータ移行問題検討会委員　　45
　　　報告書改版履歴　　45

第2章　学習会「図書館システム個人パスワードの管理と移行の課題」記録 ·················47

講演（講師：㈱カーリル代表取締役　吉本　龍司氏）　48

パスワードの定期的な変更は無意味　48

パスワードは移行できるのか　49

ハッシュ関数を使う（ハッシュ化）　55

ソルトの必要性　59

ストレッチング　62

複数ハッシュの混在問題　64

パスワード用ライブラリの活用　65

パスワードのソルト化のまとめ　66

「個人パスワードの管理と移行の課題」まとめ　67

「識別」と「認証」の区別　70

質疑応答　77

編集後記　83

第 1 章

図書館システムのデータ移行問題検討会報告書

2018 年 3 月公表
（2019 年 3 月改訂　1.10 版）

1. はじめに

　本報告書は，日本図書館協会に設置された図書館システムのデータ移行問題検討会（2015年10月～2018年3月）（以下「検討会」という。）の報告書です。

　書誌管理，発注，受入，貸出，予約等の蔵書管理，利用者管理機能を持ち，周辺機器を含めたソフトウェアとハードウェア全体を含めて一般的に図書館システムと言われているシステムは，5年程度の期間で更新を行っています。検討会では，その更新時に起きる課題の一つである更新の際に移行しなくてはならない図書館のデータの移行に関わる問題について検討を行いました。検討対象は，日本国内の公共図書館の図書館システムです。

　本報告書では，その成果として，現行システムと新システムのデータ移行において，出力データのルール化を提案するものです。

　本報告書が，図書館システムの発展に微力ながらでも役立ち，関係者間における議論や取組みへの基礎資料になることを期待しています。

2. 公共図書館における図書館システム

　現在多くの公共図書館でコンピュータシステムが導入され，書誌データベース，蔵書管理や貸出管理，インターネットサービス等に活用されています。日本の公共図書館は，利用が増加していく中で，その増大する業務を効率的に行う管理システムとしてコンピュータによる図書館システムを求めました。日本の公共図書館における図書館システムは，コンピュータ化を望んだ先進的な図書館によって構築されたものに大きく影響を受けていると思われます。図書館システムベンダー（以下「ベンダー」という。）は，開発した図書館システムを複数の図書館に導入していく中で，貸出，予約，選書・発注等の業務システムだけでなく，OPACやインターネットサービスと利用者向サービスの機能を増やし続け，品質を上げてきました。今日の図書館システムは，自動貸出機やインターネットコーナーの予約システム等のサブシステムとの連携機能を行う，今や図書館業務のために欠くことのできない基盤のシステムとなっています。

3. 公共図書館におけるシステム更新の課題

　システム更新におけるデータ移行が問題となってきたきっかけの一つは，公共調達の原則が改めて確認されたことです。公共調達の適正化について（2006（平成18）年8月25日財計第2017号付財務大臣通知）にあるように公共調達においては，原則として競争入札（総合評価方式を含む。）で行われるものとされ，随意契約であっても，企画競争（プロポーザル方式）や公募することで競争性及び透明性を担保することが確認され，地方公共団体の公共調達においても，随意契約は特別な理由がある場合を除いて行えなくなっています。

　システム更新によって新しい図書館システムを調達する際には，現行システムのベンダーとの随意契約は望ましくないことから競争入札，プロポーザル方式等複数ベンダーを比較することになります。この際，公平に選定することが求められ，その選定には調達に係る要求仕様書の公開が必要となります。各地方公共団体は，参加したベンダーの要求仕様書への対応等の提案を公平に比較することで選定を行う必要があります。しかし，日本図書館協会が委託して実施した図書館システムに関するアンケートでは，専任のシステム担当者がいない図書館が多く，専任担当者を配置していても1名という場合が多いこと，人材の育成も多くの図書館で行われていないことが判明しています。システム更新は，図書館が直面している課題となっており，これらの課題を解決するための環境の整備が必要となっています。

　複数ベンダーの参加による選定を行うためには，要求仕様書に要求することを詳細に全て記載するか，又は，その求める製品が標準化（パッケージ化）されており，その標準化された機能を明記することで，参加者によって捉え方に違いが起きないことが必要となります。しかし，図書館システムは，標準となる仕様はなく標準化はされていません。そのため，調達に際しては，必要とする全ての機能を要求仕様書に載せていない場合の機能調達の担保はない状況となります。また，標準化されていないことは逆に，多くの図書館において，自館の業務の内容が，各ベンダーの図書館システムをカスタマイズしないで調達できるかを把握できないことになります。このため，各図書館においては，図

書館システムを作り上げる程度の要求仕様書を作成することが必要となります。しかし，上記の図書館システムに係る人材の状況から，個々の図書館が上記のレベルの要求仕様書を作成するには困難です。また，逆にベンダーからみると，各図書館の調達ごとにシステムの基本思想に関わる事項をカスタマイズ要求される可能性が常にあることになります。

○「図書館システムの現状に関するアンケート　調査結果」三菱総合研究所
2010.8.31
http://www.mri.co.jp/news/press/teigen/2010/002039.html

4．図書館システムのデータ移行問題検討会の設置経緯

図書館システムの更新を行うときのリスクと課題は，現行システムと新システム間で行うデータ移行に係る労力と費用が，図書館とベンダー双方に負担となることに繋がります。そのことは，新たな機能や製品を取り入れる際に必要となる時間や人的資源等への配分にも影響を与え，図書館サービスの発展的進化の阻害要因ともなります。

図書館システムが標準化されていないことが要因となって，図書館システムの調達を行った経験が別のシステムへ移行する際にそのまま適用はできないことや，データ移行に係る課題を解決すべき効果的な手法を各図書館や地方公共団体において開発することが難しいこと等，図書館システムをその機能で評価し，適切に調達することに多くの問題があることから，日本図書館協会では，これらの課題の中からデータ移行に係る課題の解決に向けて検討会を設置し，2015 年 10 月 1 日から検討を始めました。

5．検討会での検討経過

検討会は，2015 年度に 2 回，2016 年度に 3 回，2017 年度に 2 回，別表に記載の通り開催し，検討を進めました。また，2016 年度には有識者ヒアリング

を行い，検討の結果を本報告書としてまとめました。

6. 検討内容

　検討会では，上記の公共図書館におけるシステム更新の課題を踏まえ，図書館システムに係る課題のうちデータ移行の課題を解決するためには，データ移行に係るデータの出力がシステムの標準機能となることが望ましいと考えました。現行システムから出力するファイルの項目と，新システムが取り込むファイルの項目を揃えることで，各図書館がシステム更新の都度データ解析をしながらデータ移行仕様を作成する状況の改善を図るものです。本報告書においては，データ移行時に，どのような情報をどのような形で取り出すことが図書館の業務を継続する上で必要となるかを洗い出し，5種類のデータについてデータ移行における標準的なファイル出力項目（以下「データ移行仕様書」という。）としてまとめました。

　本報告書のデータ移行仕様書では，各業務に必要な情報の整理を行っています。これは技術発展の阻害要因や，システム開発の自由を奪うことにもなり得る各図書館システムのデータ構造等を限定しないためであり，また，各図書館システムの仕様の公開を求めるものではありません。

　各図書館システムに実装が必要となるものは，データ移行仕様書に沿って，現行システムからデータを出力できること及び新システムにデータの取込みができることとなります。

(1) ローカルデータ移行仕様書

　　所蔵する個々の資料のデータとなります。発注－受入・書誌データとのリンク，所蔵館，排架（場所）区分，別置・請求記号といった書誌的な所在に関するデータと，最終処理日，館間移動に関するデータ，所蔵状態（修理・除籍），貸出区分といった資料的な所在と利用に関するデータ等が必要と分析しています。

（2）利用者データ移行仕様書

　　姓・名，姓ヨミ・名ヨミ，性別，生年月日の個人を特定するデータ，住所，通勤通学の利用に関するデータ，登録日，更新期限日，利用回数，最終利用日といった利用に関するデータ等が必要と分析しています。

（3）貸出データ移行仕様書

　　資料の貸出から返却までを1セットとした貸出に関するデータです。付随して汚破損，紛失，長期延滞除籍のデータ等が必要と分析しています。

（4）予約データ移行仕様書

　　資料の予約から貸出又は取消までを1セットとして予約に関するデータです。インターネット予約の進展に伴って開発されてきた上下巻を順番に割り当てたり，複数の資料を準備できてから連絡可能としたりする機能に関するデータ等が必要と分析しています。

（5）発注データ移行仕様書

　　資料の選定（選書），発注から受入（登録）又は発注取消までを1セットとして発注に関するデータです。進捗状況，発注先情報に関するデータ等が必要と分析しています。

　　全体として，図書館側とベンダー側とでそれぞれ用いる用語の捉え方の違いから生じるコミュニケーションロスを緩和するために，用語リストの抽出とその解説作成の作業を行い，各表の中で解説しています。

7．データ移行仕様書の考え方

　　始めに，移行仕様書を活用する前提となる基本的な考え方を説明します。

■データ移行仕様書の項目に関する考え方

　　このデータ移行仕様書では，統計や帳票に出力する必要があると考えられるデータは，移行項目とすることとしています。

　　このデータ移行仕様の基にある考え方は，利用統計が取れるデータは移行

する。資料の移動が分かるデータは移行する。資料（発注）は 1 資料単位・利用者は 1 利用者単位で管理する。ということです。

　なお，年度別貸出回数等，1 データの単位となる主 ID に対して，年度等の区切りで繰り返してデータが蓄積されていくものは，リピータブルで作成する別表としています。

　また，データ移行仕様書内の各項目を区切る区切り記号については，実データにないものでなければいけません。また，データ出力側は，出力データの区切り記号を別途明示する必要があり，データ取込み側はその区切り記号による取込みが可能となっている必要があります。併せて，空欄の項目や使用していない項目についても項目を詰めることはせず，空項目として出力させる想定としています。

■書誌データとの関係について

　このデータ移行仕様書では，書誌データから取得できるデータ項目は記載していません。書誌 ID とリンクで処理することとしています。

■日・日時の管理について

　このデータ移行仕様書における日・日時の管理は，日時分秒ミリ秒管理を原則として，明らかに日時管理が必要ない項目のみ，日管理又は年（年度）管理・年月管理としました。

　特に時間をミリ秒までセットしているのは，資料が大量に貸出・返却・書庫出納・搬送されている多忙な図書館を想定しているためです。資料を動かすときには必ず返却スキャンをして，最新処理日時と処理館を更新させる図書館であれば，貸出から返却となった返却日時と最新処理日時の 2 つの日時データで資料の所在を推定させることができるという考え方からです。同様の考え方は，予約割当についても行なっていて，予約割当になった返却を初期割当日時とし，その後の返却は，最終処理日時，館を更新していくものであれば，これら 2 つのデータで割当資料の現在地を推定できます。また，資料の移動は 2 つの時間とその場所情報でかなり特定できるという考えです。

ミリ秒管理が原則の項目で，現行システムがミリ秒管理でない場合は，出力時に 00:00:00.000 等 0 の値をセットして出力することを前提とします。

また，日時の出力は世界標準時（UTC）を原則とします。

■ID の考え方について

利用者 ID，資料 ID は，登録番号とは別にシステムの固有 ID を持つことが一般的です。（例えば図書館利用カードを再発行した場合，登録番号（図書館カード番号）は変更となりますが，システムの固有 ID は変わりません。）このことから，各データをリンクする際はシステム固有の ID でリンクし処理することとしています。

なお，利用者データ移行仕様書では，システムの固有 ID・図書館カード番号とは別に，IC カード（FeliCa）等の第 3 の ID を取り込めるようにしています。

また，資料データ移行仕様書でもシステムの固有 ID・資料バーコード番号とは別に IC タグ固有の ID をセットできるようにしています。

■館コードと窓口コードについて

館コードと窓口コードについては，特に移動図書館を運用している場合に巡回場所のコード（ステーションコード）が必要になります。

この管理については，概ね以下の 2 パターンに集約されると考えます。

1. 館コードに「移動図書館」を持つ。
2. 移動図書館が所属する館コードを使用する。

ただし，いずれの場合も，ステーションコードが窓口コードに格納されているとみなすことが可能であると考えます。

このことから，本移行仕様書では，予約データ移行仕様書にある「予約受取館」と「予約受取窓口」のように，一見館コードのみが必要と思われる項目においても，窓口コードを設定しています。また，近年設置が増えている「予約受取窓口（サービススポット）」等の管理についても，上記と同じ方法で処理できると考えます。

併せて，インターネット予約・延長等，Web 上や館内 OPAC 等で利用者自身が処理した場合の，「予約受付館」と「予約受付窓口」等のコードも定義が必要となります。

■コードとそれに対応する表示形について

コードテーブルは，図書館側で管理されていなければならないものと検討会では確認しました。特にコードに対してシステムに表示される表示形は，システムの表示の制約で略称（例えば，「蔵書点検不明」が「点不」と表示される。）になっている場合も少なくありません。この場合でも，図書館は本来の表記と略称を管理している必要があります。

例：館コードと窓口コードの表示形について

例えば中央図書館，北部図書館，駅前図書室を設置している市立図書館の場合，画面や帳票に表示される館名が，次の例のように表示の制約で場面毎に異なることは珍しくありません。

	OPAC （5 文字まで）	貸出中資料確認画面 （2 文字まで）	貸出レシート （1 文字まで）
中央図書館	中央図書館	中央	中
北部図書館	北部図書館	北部	北
駅前図書室	駅前図書室	駅前	駅

このため，館を区別できるようにするために，文字数毎の表記を整理しておく必要があります。

また，図書の排架場所も中央図書館の児童書コーナーにある請求記号「913.6 ア」の書籍を表す場合を例にすると，「館コード－館コードに対応する表示形（中央図書館）」「コーナーの場所コード－場所コードに対応する表示形（児童書コーナー）」で成り立ちます。

館の名称やコーナーの名称は，職員の検索結果や，OPAC 検索結果を表示するときはコードではなく，館の名称，コーナー名を表示することが一般的

です。その際にシステムで対応が可能であれば，職員が操作する端末の蔵書検索結果や帳票印刷での表示と，館内においた簡潔なわかりやすさを重視したOPACの表示，WebOPAC表示等を使い分けることも必要です。

8. 各データ移行仕様書と解説

●データ移行仕様書の内容
・データ項目：データの項目名を表示しています。
・データ内容：データの出力内容の解説を表示しています。
・出力仕様：データ形式を表示しています。データ形式は，以下の4つに大別しました。
  a）半角英数字（ID等で使用）
     特に，「コード」と併記している項目は，図書館でコードテーブルを作成する必要があります。
  b）全角文字列：2バイト文字で構成される文字列（住所，備考等で使用）
  c）整数（金額，回数等で使用）
  d）日付：yyyy＝年（年度），yyyy-mm＝年月，yyyy-mm-dd＝年月日，yyyy-mm-dd hh:mm:ss.fff＝日時（「日・日時の管理について」参照）
・備考：想定されるデータの例や取り扱いの注意点等

① ローカルデータ移行仕様書
ローカルデータ移行仕様書は3表からなります。（別紙参照）

■請求記号のデータ項目について
    資料管理において重要なデータ項目ですが，システムにより又は各図書館の運用により，データ項目の構成が異なることに注意する必要があります。データは主に以下の2つの扱いがあります。
1. 1つのデータ項目として管理され，データの中で区切り記号（スラッシュ等）を使用する。

2. 別置・分類番号等が別々のデータ項目として管理される。

このため, 例えば「別置記号・分類番号・著者記号・巻冊記号」が「F・913.6·アカ·1」の場合でも, システムによってデータ構成は次のように異なっています。

A 図書館 システム	データ項目名	別置	分類番号	著者記号	巻号
	データ	F	913.6	ア	1
B 図書館 システム	データ項目名	別置	請求記号（分類＋著者＋巻号）		
	データ	F	913.6 ア 1 （スペースで区切り）		
C 図書館 システム	データ項目名	請求記号（別置＋分類＋著者＋巻号）			
	データ	F 913.6 ア 1 （スペースで区切り）			
D 図書館 システム	データ項目名	請求記号（別置＋分類＋著者＋巻号）			
	データ	F/913.6/ ア /1 （スラッシュで区切り）			

この例では, C システムを A システムに引き継ぐときは,「F 913.6 ア 1」のデータを分解して, A システムの各項目に格納することが必要になります。また, 反対に A システムから C システムに引き継ぐときは, 項目の統合が発生します。

なお, データ項目内の区切り記号もシステムにより異なります。（スラッシュ・スペース・ハイフン等が考えられます。）区切り記号は現行システム側で明示する必要があります。

あわせて, 一般的に「別置記号・請求記号・図書記号・巻冊記号」によって「請求記号」を構成しますが, データ項目内を区切り記号で区切る場合, 必ずしも 4 項目で構成されているとは限りません。これは, A システムのように別々のデータ項目として持つシステムでも「注記」の項目があり, データ項目数が 5 項目となっている例もあります。

また, このローカルデータ移行仕様書では, 請求記号を 1 項目としていますが, 項目を細分化すべきか, 細分化した際に必要な項目数は何項目になるのか, 今後の議論が必要と考えます。

併せて請求記号は, システムにより扱える文字の種類や文字数が異なる場合があります。例えば別置記号の場合, システムによって次のように異なっ

13

ています。

	別置記号で扱える文字種／文字	文字数	データ例
A図書館システム	半角英数のみ ABCabc123	2文字まで	E，<u>YA</u>，R0
B図書館システム	半角英字のみ ABCabc	3文字まで	Ref，<u>YAd</u>，ROM
C図書館システム	半角英数カナ ABCabc123 ｱｲｳ	7文字まで	ｴﾎﾝ，ﾖｳｼﾞ ｴﾎﾝ， YA
D図書館システム	全角半角英数カタカナ漢字 ABab12 ｱｲ，ＡＢａｂ １２アイ亜井	5文字まで	紙芝居，実用書 エホン，YA，

　この例では，DシステムをA，B，Cのシステムに引き継ぐときは，Dシステムの別置「紙芝居」を「Ka」「ｶﾐｼﾊﾞｲ」等に置き換えて格納することが必要になります。

② 利用者データ移行仕様書

　利用者データ移行仕様書は2表からなります。（別紙参照）

■住所のデータ項目について

　　住所の入力・管理方法は，システムにより，また各図書館の運用により，データ項目の構成が異なることに注意する必要があります。住所データは主に以下の2つの扱いがあります。

1. 住所コードや郵便番号に対応する住所の項目は固定値となっている。
2. 住所コードや郵便番号は入力するが，対応する住所の項目を修正・追加できる。

第1章　図書館システムのデータ移行問題検討会報告書

1.の場合の例	データ項目名	郵便番号	住所1 ●郵便番号と連動し文字列の修正はできない	住所2 （番地）	住所3 （マンション名等）
	データ	104-0033	東京都中央区新川	1-11-14	○○ビル501
2.の場合の例	データ項目名	郵便番号	住所1 ●郵便番号とは連動しない（修正・追記可能）	住所2 （マンション名等）	
	データ	600-8449	京都市下京区新町通松原下る富永町110-1	○○会館401	

※郵便番号簿での「600-8449」の表記は「京都市下京区富永町」

　このことから，現行システムではどのように運用しデータが構成されているか，図書館側で明示する必要があります。

　また，この利用者データ移行仕様書では，住所を1項目としていますが，項目を細分化すべきか，細分化した際に必要な項目数は何項目になるのか，今後の議論が必要と考えます。

■住所・電話・メールの登録件数について

　いずれの項目も多くのシステムで複数登録できますが，完全なリピータブルではなく，登録可能件数に上限があると考えられます。このことから，この利用者データ移行仕様書ではいずれも3件までとしてデータ項目を作成しています。この点については，今後の議論が必要と考えます。

③　**貸出データ移行仕様書**

　貸出データ移行仕様書は2表からなります。（別紙参照）

④　**予約データ移行仕様書**

　予約データ移行仕様書は1表からなります。（別紙参照）

15

■予約取消データについて

　この仕様書では予約取消データの保持は想定していません。この点については，今後の議論が必要と考えます。

⑤　発注データ移行仕様書

　発注データ移行仕様書は 2 表からなります。(別紙参照)

9. 地方公共団体が使用するシステムについての国の動向

　総務省は，地方公共団体の業務システムにおける円滑なデータ移行の実現を目指し，2012（平成24）年 6 月に全国の地方公共団体がデータ移行時に共通的に利用できる中間標準レイアウト仕様を 23 業務システムについて公開しています。

　また，総務省は自治体クラウドの導入をはじめとした地方公共団体の電子自治体に係る取組みを一層促進することを目的として，「電子自治体の取組みを加速するための 10 の指針」を 2014（平成26）年 3 月に公表しています。

　この指針は個人番号制度の施行を背景に，住民情報，社会福祉や税に関するシステムを念頭に置き示された指針ですが，【指針 4】において人材育成・確保，【指針 5】において，パッケージシステムの機能等と照合した業務フローの棚卸し・業務標準化によるシステムカスタマイズの抑制等が示されています。さらに【指針 6】においては，「システム間のデータ移行における多額の費用発生等，自治体クラウド導入の阻害・ベンダロックインの原因」を解消する方策として，中間標準レイアウト仕様の利活用を指針として定めています。

○地方公共団体情報システム機構（J-LIS）ホームページ「中間標準レイアウト仕様」

　https://www.j-lis.go.jp/rdd/jititaicloud/standard_layout/standard_layout.html
○「電子自治体の取組みを加速するための 10 の指針」の公表

　http://www.soumu.go.jp/menu_news/s-news/01gyosei07_02000018.html

10. 今後の課題

・この報告において検討されなかったデータについて

　今回検討外としたデータについても，データ移行項目となるものついては，出力仕様として標準化がなされることが望まれます。

・最新処理館・窓口・日時のデータ項目について

　データ移行問題とは別にシステムによって，処理のタイミングや更新するデータ項目が異なる可能性があります。例えば，最新返却館・窓口・日時は貸出状態から返却した場合のみ記録される設定になっているのか，その他の作業（予約確保等）で返却処理した場合も記録されるのか，システムによって動作が異なることがあります。このことは，資料の実物がない前提で処理を行う，蔵書点検不明処理をする際の動作についても，どのデータ項目がどのタイミングで更新されるのかについて確認する必要があります。

　本報告書ではこの件については触れていません。しかし，システムの運用時において，どのデータ項目が，どのタイミングで更新されていくのかについて，基本的な考え方が共通化されていくことが望ましいと考えます。

・書誌データについて

　今回検討外とした書誌データについては，現在公共図書館では民間 MARC を使用することが多い一方，大学図書館では国立情報学研究所（NII）の NACSIS を使用しています。NACSIS の書誌管理は，民間 MARC や国立国会図書館の JapanMARC と書誌登録単位が異なるため，これまではシステムも区別して開発されてきました。しかし，この書誌登録単位を民間 MARC や JapanMARC に合わせる方針が示されています。

　併せて，日本図書館協会目録委員会と国立国会図書館収集書誌部との連携作業により「日本目録規則 2018 年版」（仮称）の策定が進められています。

　これが決定・実施されることにより，書誌データの項目（タグ）についても一定の整理が行われる可能性があり，注視する必要があります。

また，資源の多様化に対応し，RDA の概念が取り込まれると書誌の単位の考え方が大きく変わることとなり，大学図書館システムが先行している電子書籍等の管理について，その考え方が公共図書館システムに反映される等の変化も予想され，館種を問わず今後の動向に注意する必要があります。

○ NACSIS-CAT/ILL の軽量化・合理化について（実施方針）
　　http://www.nii.ac.jp/content/korekara/2017/03/nacsis-catillnacsis-cat.html
　　　NACSIS では，巻号がある資料は 1 書誌の中に Vol グループを作成する方式をとっていますが，民間 MARC や JapanMARC と同様に出版物理単位に改める方針が示されています。
○『「日本目録規則＜NCR＞ 2018 年版」＜仮称＞全体条文案概要』日本図書館協会目録委員会／編　日本図書館協会　2017.9

・個人情報の取扱いについて
　日本図書館協会は「貸出業務へのコンピュータ導入に伴う個人情報の保護に関する基準」とこの基準に対する図書館の自由に関する調査委員会の「見解」をまとめていますが，1984 年に決定したものであり，その後の図書館システムの進展に対する見直しがされていない状況にあります。
　これについて，図書館の自由委員会が 2017 年度の全国図書館大会分科会において「図書館利用のプライバシー保護ガイドライン」の策定について，検討内容を公表しています。この動向についても注視する必要があります。

○「図書館利用のプライバシー保護ガイドライン」の策定については,「ニューズレター『図書館の自由』第 98 号（2017 年 11 月）」を参照。

・利用者のパスワードについて
　公共図書館システムでは，システム更新毎にインターネットサービス等で使用する利用者自身が設定したパスワードがリセットされる（新システムに移行されない）状況が多くの図書館で発生しています。

ベンダーの変更があっても利用者のパスワードは移行できるようにすべきですが，本報告書では触れることができておりません。

11．移行仕様書の活用に向けて

　本報告書において提示したデータ移行仕様書は，あくまでも検討会から提案する案です。しかし，図書館システムの調達を経験し，図書館システムの課題に向き合ってきた委員らにより検討会において詳細に検討を重ねたものであり，検討会としては，実用に耐えるものと考えています。そのため現時点のものでも，システム調達をする各図書館において利活用していただきたいと考えています。そして，このデータ移行仕様書を活用された際には，その結果を日本図書館協会にフィードバックしていただけると，このデータ移行仕様書の質を上げていけると考えています。また，全国の図書館やベンダーをはじめとする幅広い関係者の皆様におかれましては，本報告書及びデータ移行仕様書について，ご意見をいただきたいと考えています。

　本報告書が，全国の図書館やベンダーをはじめとする幅広い関係者の間で活発な議論がなされ，図書館システムのデータ移行に係る問題が解決に向かうこと及び日本の図書館システムがこれからも発展していく一助となることを期待しています。

本文中の参考文献は，報告書公表後に刊行・公表されたものがあります。
詳しくは，編集後記（本書 p.83）をご覧下さい。

19

＜別紙＞

① ローカルデータ移行仕様書

ファイル名	項番	データ項目	データ内容	出力仕様	備考
ローカル	1	資料 ID	システムで発行される資料の ID	半角英数字	【1 データの単位となる主 ID】資料バーコード番号とは別にシステムで発行されるものを想定。
ローカル	2	書誌 ID	システムで発行される書誌の ID	半角英数字	
ローカル	3	IC タグ ID	IC タグの ID 等	半角英数字	IC タグの運用館でシステム側にタグ固有の ID を保存している館を想定。
ローカル	4	資料バーコード番号	図書等に貼付されたバーコード等の番号	半角英数字	
ローカル	5	所蔵館	所蔵館コード	半角英数字（館コード）	
ローカル	6	場所区分	所蔵場所コード	半角英数字（場所コード）	
ローカル	7	資料区分	資料区分コード	半角英数字（コード）	図書，雑誌，AV などを想定。
ローカル	8	蔵書区分	蔵書区分コード	半角英数字（コード）	一般，児童，参考などを想定。
ローカル	9	形態区分	形態コード	半角英数字（コード）	文庫，新書，CD，DVD などを想定。
ローカル	10	臨時配置館	臨時配置所蔵館コード	半角英数字（館コード）	特別展示場所などを想定。システムにより「現在場所館コード」など名称・機能が異なると想定している。
ローカル	11	臨時場所区分	臨時配置所蔵場所コード	半角英数字（場所コード）	
ローカル	12	開閉区分	開閉コード	半角英数字（コード）	開架，閉架等を想定。場所コードとは別に，

					開架・閉架の区別を設定できるシステムを想定している。
ローカル	13	貸出（奉仕）規則区分	貸出（奉仕）規則区分コード	半角英数字（コード）	図書，雑誌，視聴覚，課題図書などを想定。蔵書区分・形態区分や請求記号とは別に，資料コード別に貸出規則を設定できるシステムを想定している。
ローカル	14	和洋区分	和書・洋書コード	半角英数字（コード）	ローカルデータで和書・洋書の区分を保持しているシステムを想定している。
ローカル	15	言語区分	言語区分コード	半角英数字（コード）	日本語，英語，ドイツ語などを想定。ローカルデータで言語の区分を保持しているシステムを想定している。
ローカル	16	請求記号	請求記号	半角英数字（全角文字列の可能性あり）	別途説明あり。
ローカル	17	統計分類	統計分類コード	半角英数字（コード）	蔵書区分・形態区分や請求記号とは別に，統計出力等のために生成されている分類コードを保持しているシステムを想定している。
ローカル	18	最新処理館	最後に処理を行った館コード	半角英数字（館コード）	別途説明あり。
ローカル	19	最新処理窓口	最後に処理を行った窓口コード	半角英数字（窓口コード）	
ローカル	20	最新処理日時	最後に処理を行った日時	yyyy-mm-dd hh:mm:ss.fff	システムで自動記録される日時。
ローカル	21	最新貸出館	最後に貸出処理を行った館コード	半角英数字（館コード）	別途説明あり。
ローカル	22	最新貸出窓口	最後に貸出処理を行った窓口コード	半角英数字（窓口コード）	

ローカル	23	最新貸出日時	最後に貸出処理を行った日時	yyyy-mm-dd hh:mm:ss.fff	システムで自動記録される日時。
ローカル	24	最新返却館	最後に返却処理を行った館コード	半角英数字（館コード）	別途説明あり。
ローカル	25	最新返却窓口	最後に返却処理を行った窓口コード	半角英数字（窓口コード）	
ローカル	26	最新返却日時	最後に返却処理を行った日時	yyyy-mm-dd hh:mm:ss.fff	システムで自動記録される日時。
ローカル	27	最新データ修正館	貸出返却以外でローカルデータの更新処理を行った館コード	半角英数字（館コード）	別途説明あり。
ローカル	28	最新データ修正窓口	貸出返却以外でローカルデータの更新処理を行った窓口コード	半角英数字（窓口コード）	
ローカル	29	最新データ修正日時	貸出返却以外でローカルデータの更新があったときの日時	yyyy-mm-dd hh:mm:ss.fff	システムで自動記録される日時。
ローカル	30	データ作成日	ローカルデータが最初に登録された日時	yyyy-mm-dd hh:mm:ss.fff	システムで自動記録される日時。
ローカル	31	受入日	受入した日	yyyy-mm-dd	職員側で設定する受入日。
ローカル	32	排架日	排架処理等の点検を行った日時	yyyy-mm-dd	職員側で設定する排架日。システムにより，「納入点検日」，「検収日」など名称・機能が異なると想定している。
ローカル	33	貸出許可日	貸出許可を行った日・貸出可能となる予定日	yyyy-mm-dd	貸出許可を行う予定日等を入力するシステムを想定している。
ローカル	34	蔵書点検日	蔵書点検（読み取り）された，または蔵書点検結果の確定を実行した日時	yyyy-mm-dd hh:mm:ss.fff	システムで自動記録される日時。システムにより，記録される日時の設定が異なると想定している。
ローカル	35	所蔵状態	資料の現在の状態コード	半角英数字（コード）	可能，修理中，未検収などを想定。

第1章　図書館システムのデータ移行問題検討会報告書

ローカル	36	所蔵状態変更日時	所蔵状態を変更した日時	yyyy-mm-dd hh:mm:ss.fff	システムで自動記録される日時。
ローカル	37	修理区分	資料が利用できない状態の場合の理由コード	半角英数字（コード）	汚損などを想定。所蔵状態とは別に修理区分を入力できるシステムを想定している。
ローカル	38	修理日時	修理区分を変更した日時	yyyy-mm-dd hh:mm:ss.fff	システムで自動記録される日時。
ローカル	39	除籍区分	除籍理由の判別コード	半角英数字（コード）	不要除籍，長期延滞除籍などを想定。
ローカル	40	除籍日	除籍年月日	yyyy-mm-dd	職員側で設定する除籍日。
ローカル	41	業務用備考	ローカルデータの管理に関する業務用の備考（付記事項）	全角文字列	職員用（内部のみ）の備考を想定している。
ローカル	42	OPAC表示備考	OPACに表示させる資料の備考	全角文字列	利用者に表示する備考を想定している。
ローカル	43	OPAC表示区分	OPAC表示備考の表示可否のコード	半角英数字（コード）	
ローカル	44	新着区分	新着資料の判別コード	半角英数字（コード）	
ローカル	45	貸出区分	貸出可否（貸出禁止）判別コード	半角英数字（コード）	貸出可，禁帯出，館内貸出などを想定。
ローカル	46	予約区分	予約受付可否判別コード	半角英数字（コード）	予約可，予約禁止などを想定。
ローカル	47	予約可能日	雑誌等の予約開始日の日付	yyyy-mm-dd	設定可能なシステムがあることを想定している。
ローカル	48	受入区分	受入区分コード	半角英数字（コード）	購入，寄贈などを想定。
ローカル	49	受入先	受入先コード	半角英数字（コード）	書店名などを想定。
ローカル	50	購入価格	受入価格	整数	税込価格か税別価格かは，出力側が別途記載する。
ローカル	51	消費税区分	税区分コード	半角英数字（コード）	5%, 8%, 10%, なしなどを想定
ローカル	52	予算区分	予算区分コード	半角英数字（コード）	資料費　消耗品費などを想定。
ローカル	53	予算年度	購入（受入）年度	yyyy	

23

ファイル名	項番	データ項目	データ内容	出力仕様	備考
ローカル	54	予算館	購入（受入）館の館コード	半角英数字（館コード）	
ローカル	55	保存期限	雑誌等の保存期限コード	半角英数字（コード）	1年，3年，5年などを想定。
ローカル	56	刊行年（月）		yyyy（yyyy-mm）	ローカルデータで個別の刊行年を保持しているシステムを想定している。システムにより，刷次を保持しているシステムも想定される。

ローカルデータ移行仕様書（貸出年度）　※貸出年度毎に全項目をリピータブルで作成する。

ファイル名	項番	データ項目	データ内容	出力仕様	備考
ローカル	A1	資料ID	システムで発行される資料のID	半角英数字	資料バーコード番号とは別にシステムで発行されるものを想定している。
ローカル	A2	貸出年度		yyyy	
ローカル	A3	貸出回数	年度の貸出回数	整数	

ローカルデータ移行仕様書（不明回数）　※不明回数毎に全項目をリピータブルで作成する。

ファイル名	項番	データ項目	データ内容	出力仕様	備考
ローカル	B1	資料ID	システムで発行される資料のID	半角英数字	資料バーコード番号とは別にシステムで発行されるものを想定している。
ローカル	B2	不明日	不明判明・処理日	yyyy-mm-dd hh:mm:ss.fff	蔵書点検又は不明処理した日時を想定している。システムで自動記録される日時。
ローカル	B3	不明区分	不明理由	半角英数字（コード）	

②　利用者データ移行仕様書

ファイル名	項番	データ項目	データ内容	出力仕様	備考
利用者	1	利用者 ID	システムで発行される利用者の ID	半角英数字	【1 データの単位となる主 ID】利用者バーコード番号とは別にシステムで発行されるものを想定している。
利用者	2	利用者バーコード番号	利用者に発行するカード番号（バーコード等の番号）	半角英数字	
利用者	3	利用者区分	利用者区分コード	半角英数字（コード）	一般，通勤通学，郵送貸出，障害者サービス，団体等を想定。
利用者	4	利用者姓カナ	利用者姓ヨミ	全角文字列	半角は全角にして出力を想定している。名字と名前が同一項目となっている場合は，区切り記号を別途定義する。
利用者	5	利用者名カナ	利用者名ヨミ	全角文字列	
利用者	6	利用者姓表記	利用者姓漢字形	全角文字列	漢字，平仮名，カタカナ，アルファベット等。名字と名前が同一項目となっている場合は，区切り記号を別途定義する。
利用者	7	利用者名表記	利用者名漢字形	全角文字列	
利用者	8	性別	性別コード	半角英数字（コード）	男，女，その他などを想定。空欄も想定される。
利用者	9	生年月日		yyyy-mm-dd	団体は空欄も想定される。
利用者	10	住所区分(1)	住所区分コード	半角英数字（コード）	現住所・勤務先・帰省先等を想定。
利用者	11	住所コード(1)	登録や統計に使用する住所コード	半角英数字（コード）	

利用者	12	郵便番号(1)		整数	7ケタの整数値を想定。
利用者	13	住所（1）		全角文字列	別途説明あり。
利用者	14	住所区分(2)		半角英数字（コード）	複数の登録がある場合に使用。（別途説明あり）
利用者	15	住所コード(2)		半角英数字（コード）	
利用者	16	郵便番号(2)		整数	
利用者	17	住所（2）		全角文字列	
利用者	18	住所区分(3)		半角英数字（コード）	複数の登録がある場合に使用。（別途説明あり）
利用者	19	住所コード(3)		半角英数字（コード）	
利用者	20	郵便番号(3)		整数	
利用者	21	住所（3）		全角文字列	
利用者	22	在勤在住区分	在勤在住区分コード	半角英数字（コード）	在住（市（町・村）内），在勤，在学，市外（相互利用）などを想定。利用者区分とは別に入力できるシステムを想定している。
利用者	23	学校区分	学校区分コード	半角英数字（コード）	市（町・村）内の小中高等学校，大学，各種学校などのコードを想定。利用者区分とは別に入力できるシステムを想定。
利用者	24	勤務先・通学先		全角文字列	学校名，会社名を想定。
利用者	25	電話区分(1)	電話区分コード	半角英数字（コード）	自宅，携帯，FAXなどを想定。
利用者	26	電話番号(1)		半角英数字	
利用者	27	電話区分(2)		半角英数字（コード）	複数の登録がある場合に使用。（別途説明あり）
利用者	28	電話番号(2)		半角英数字	
利用者	29	電話区分(3)		半角英数字（コード）	複数の登録がある場合に使用。（別途説明あり）

第1章 図書館システムのデータ移行問題検討会報告書

利用者	30	電話番号(3)		半角英数字	
利用者	31	保護者氏名		全角文字列	
利用者	32	団体代表者名		全角文字列	
利用者	33	利用者データ登録日時		yyyy-mm-dd hh:mm:ss.fff	システムで自動記録される日時。
利用者	34	利用者登録日	利用者登録年月日	yyyy-mm-dd	職員側で設定する利用者登録日。
利用者	35	利用者登録館	利用者登録館コード	半角英数字（館コード）	利用者データが作成された館。
利用者	36	利用者登録窓口	利用者登録窓口コード	半角英数字（窓口コード）	利用者データが作成された窓口。
利用者	37	利用者データ修正日時	利用者データ最新変更日時	yyyy-mm-dd hh:mm:ss.fff	システムで自動記録される日時。利用者がWebサービスからパスワード・メールアドレス等を変更した場合は，この項目に反映されるのか，それぞれのシステムの設定の確認が必要である。
利用者	38	利用者データ修正館	利用者データ最新変更館コード	半角英数字（館コード）	利用者データが最後に修正された館。
利用者	39	利用者データ修正窓口	利用者データ最新変更窓口コード	半角英数字（窓口コード）	利用者データが最後に修正された窓口。
利用者	40	有効期限日	利用登録の有効期限日	yyyy-mm-dd	
利用者	41	利用者バーコード再発行日	カード番号を再度発行した最新の日時	yyyy-mm-dd hh:mm:ss.fff	システムで自動記録される日時。
利用者	42	利用者バーコード再発行回数	カード番号を再度発行した回数	整数	
利用者	43	再発行前利用者バーコード番号	再発行前の旧カード番号	半角英数字	旧カード番号を複数保持している場合も想定される。この場合は区切り記号を別途定義する。（なお，旧カード番号をすべて保持している場合

27

					は，データ件数で再発行回数がカウントできる。)
利用者	44	最新利用日	最新貸出利用日	yyyy-mm-dd hh:mm:ss.fff	貸出利用日を想定しているが，最終返却日等も記録されるシステムも想定される。
利用者	45	利用回数累計	貸出処理回数累計	整数	
利用者	46	利用冊数累計	貸出処理冊数累計	整数	
利用者	47	パスワード（web）	（ハッシュ値を想定）	半角英数字	
利用者	48	パスワード（電話）	（ハッシュ値を想定）	整数	自動音声応答電話用の整数値。
利用者	49	メール区分(1)	メール区分コード	半角英数字（コード）	パソコン，携帯電話などを想定。
利用者	50	メールアドレス(1)	利用者連絡用のメールアドレス	半角英数字	
利用者	51	メール区分(2)		半角英数字（コード）	複数の登録がある場合に使用。（別途説明あり）
利用者	52	メールアドレス(2)		半角英数字	
利用者	53	メール区分(3)		半角英数字（コード）	複数の登録がある場合に使用。（別途説明あり）
利用者	54	メールアドレス(3)		半角英数字	
利用者	55	利用者業務備考	利用者に関する業務用（職員間連絡用）の備考（付記事項）	全角文字列	職員用（内部のみ）の備考を想定。
利用者	56	無効事由区分	無効区分コード	半角英数字（コード）	転出，長期延滞などを想定。
利用者	57	無効事由登録館	無効登録館コード	半角英数字（館コード）	無効登録された館。
利用者	58	無効事由登録窓口	無効登録窓口コード	半角英数字（窓口コード）	無効登録された窓口。
利用者	59	無効事由登録日時	無効登録日時	yyyy-mm-dd hh:mm:ss.fff	無効登録された日時。

利用者	60	無効事由備考	無効登録時用の備考（文字列）	全角文字列	利用者業務備考とは別に備考（職員用（内部のみ）の備考）を持つシステムを想定している。
利用者	61	受取希望館初期設定	受取希望館館コード	半角英数字（館コード）	初期値登録があるシステムを想定している。
利用者	62	受取希望窓口初期設定	受取希望館窓口コード	半角英数字（窓口コード）	初期値登録があるシステムを想定している。
利用者	63	予約連絡方法初期設定	予約連絡方法コード	半角英数字（コード）	自宅電話，携帯電話，FAX，メール，不要などを想定。初期値登録があるシステムを想定している。

利用者データ移行仕様書（伝言）　　※伝言回数毎に全項目をリピータブルで作成する。
（伝言・メッセージ・通知・コメント　等，システムにより名称が異なる。）

ファイル名	項番	データ項目	データ内容	出力仕様	備考
利用者	A1	利用者 ID	システムで発行される利用者の ID	半角英数字	
利用者	A2	伝言区分	伝言区分コード	半角英数字（コード）	カード忘れなどのコードを想定。
利用者	A3	伝言内容	利用者への連絡事項（文字列）	全角文字列	
利用者	A4	伝言登録館	伝言登録館コード	半角英数字（館コード）	伝言登録された館。
利用者	A5	伝言登録窓口	伝言登録窓口コード	半角英数字（窓口コード）	伝言登録された窓口。
利用者	A6	伝言登録日時	伝言登録日時	yyyy-mm-dd hh:mm:ss.fff	伝言登録された日時。

③ 貸出データ移行仕様書

ファイル名	項番	データ項目	データ内容	出力仕様	備考
貸出	1	資料ID	システムで発行される資料のID	半角英数字	【1データの単位となる主ID】資料バーコード番号とは別にシステムで発行されるものを想定している。
貸出	2	利用者ID	システムで発行される利用者のID	半角英数字	利用者バーコード番号とは別にシステムで発行されるものを想定している。
貸出	3	貸出館	貸出館コード	半角英数字（館コード）	
貸出	4	貸出窓口	貸出窓口コード	半角英数字（窓口コード）	
貸出	5	貸出方法	貸出方法コード	半角英数字（コード）	来館，郵送，配送などを想定。
貸出	6	貸出処理日時		yyyy-mm-dd hh:mm:ss.fff	システムで自動記録される日時。
貸出	7	返却期限日		yyyy-mm-dd	
貸出	8	延長実施回数	延長処理された回数	整数	
貸出	9	延長処理日時	最後に延長処理を行った日時	yyyy-mm-dd hh:mm:ss.fff	システムで自動記録される日時。すべての延長処理日時を保持している場合も想定される。この場合は区切り記号を別途定義する。（なお，延長処理日時をすべて保持している場合は，データ件数で延長実施回数がカウントできる。）
貸出	10	延長処理館	最後に延長処理を行った館コード	半角英数字（館コード）	WEBからの処理については，別途説明あり。
貸出	11	延長処理窓口	最後に延長処理を行った窓口コード	半角英数字（窓口コード）	WEBからの処理については，別途説明あり。

ファイル名	項番	データ項目	データ内容	出力仕様	備考
貸出	12	事故区分	事故区分コード	半角英数字	「返したはず」の場合に付与する「調査中」状態，弁償を求める場合に付与する「弁償中」状態などを示す区分を想定している。
貸出	13	事故日時	事故区分を入力した日時	yyyy-mm-dd hh:mm:ss.fff	システムで自動記録される日時。
貸出	14	貸出業務備考	貸出業務に関する備考（付記事項）	全角文字列	職員用（内部のみ）の備考を想定。

貸出データ移行仕様書（督促） ※督促回数毎に全項目をリピータブルで作成する。

ファイル名	項番	データ項目	データ内容	出力仕様	備考
貸出	A1	資料ID	システムで発行される資料のID	半角英数字	
貸出	A2	督促日時	督促処理をシステムに登録した日時	yyyy-mm-dd hh:mm:ss.fff	システムで自動記録される日時。
貸出	A3	督促方法	督促方法コード	半角英数字（コード）	電話，メール，郵送，訪問などを想定。
貸出	A4	督促備考	督促業務に関する備考（付記事項）	全角文字列	

④ 予約データ移行仕様書

ファイル名	項番	データ項目	データ内容	出力仕様	備考
予約	1	予約ID	システムで発行される予約番号	半角英数字	【1データの単位となる主ID】予約入力時にシステムで発行されるものを想定している。
予約	2	予約種別区分	予約種別コード	半角英数字（コード）	・単独 ・シリーズ（順位付） ・まとめて（どれか1冊） ・まとめて（すべて揃い）など，いわゆるシリーズ予約（複数の資料を順位付けして提供する）などの予約データを想定している。

予約	3	予約セットID	シリーズ予約・まとめて予約の際, システムで発行される予約をまとめる際に使用するID	半角英数字	予約種別の複数書誌への予約IDの枝番号を出力する場合と, 予約IDとは別項で順位を持つ場合があると考えられる。
予約	4	書誌ID	システムで発行される書誌ID	半角英数字	
予約	5	所蔵館指定予約	所蔵館指定館コード	半角英数字(館コード)	所蔵館を特定した予約データを想定している。 複数館指定ができる場合は, 区切り記号を別途定義する。
予約	6	指定(所蔵予約)資料ID	システムで発行される資料ID	半角英数字	個別の資料を特定した予約データを想定している。 資料バーコード番号とは別にシステムで発行されるものを想定している。
予約	7	予約利用者ID	システムで発行される利用者ID	半角英数字	利用者バーコード番号とは別にシステムで発行されるものを想定している。
予約	8	予約日時	予約日時	yyyy-mm-dd hh:mm:ss.fff	予約順変更等で変更する場合がある(変更することができる)日時。
予約	9	予約入力日時	予約データの作成日時	yyyy-mm-dd hh:mm:ss.fff	システムで自動記録される日時。
予約	10	予約受付館	予約受付館コード	半角英数字(館コード)	WEBからの処理については, 別途説明あり。
予約	11	予約受付窓口	予約受付窓口コード	半角英数字(窓口コード)	WEBからの処理については, 別途説明あり。
予約	12	予約待ち期限日	利用者が指定した予約の期限日	yyyy-mm-dd	期限日を越えた場合は, 予約データは削除されることを想定している。

予約	13	予約情報変更日	予約データを修正した日時	yyyy-mm-dd hh:mm:ss.fff	システムで自動記録される日時。最新の変更日時を想定している。
予約	14	予約情報修正館	最新の予約データ修正を行った館コード	半角英数字（館コード）	
予約	15	予約情報修正窓口	最新の予約データ修正を行った窓口コード	半角英数字（窓口コード）	
予約	16	予約受取館	利用者が指定する受取館のコード	半角英数字（館コード）	
予約	17	予約受取窓口	利用者が指定する受取窓口のコード	半角英数字（窓口コード）	移動図書館ステーション・予約受取コーナー等について，別途説明あり。
予約	18	予約連絡区分	予約連絡方法コード	半角英数字（コード）	自宅電話，携帯電話，FAX，メール，不要などを想定。
予約	19	初期割当日時	貸出から返却されて最初に割り当たった日時	yyyy-mm-dd hh:mm:ss.fff	未割当の時は空欄。
予約	20	初期割当館	貸出から返却されて最初に割り当たった館のコード	半角英数字（館コード）	
予約	21	初期割当窓口	貸出から返却されて最初に割り当たった窓口のコード	半角英数字（窓口コード）	
予約	22	割当資料ID	システムで発行される資料ID	半角英数字	資料バーコード番号とは別にシステムで発行されるものを想定している。
予約	23	貸出可能日時	予約受取館で割当（確保）され，貸出可能になった日時	yyyy-mm-dd hh:mm:ss.fff	未確保の時は空欄。
予約	24	予約連絡日時	予約連絡処理の日時	yyyy-mm-dd hh:mm:ss.fff	電話連絡・メール送信等をシステムに記録した日時。
予約	25	予約取置期限日	予約資料を取り置く期限	yyyy-mm-dd	期限日を越えた場合は，予約データは削除されることを想定している。

ファイル名	項番	データ項目	データ内容	出力仕様	備考
予約	26	予約利用者備考	予約利用者に通知する備考（付記事項）		全角文字列利用者に通知する備考を想定している。
予約	27	予約業務備考	予約処理に関する業務用（職員間連絡用）の備考（付記事項）	全角文字列	職員用（内部のみ）の備考を想定している。

⑤　発注データ移行仕様書

ファイル名	項番	データ項目	データ内容	出力仕様	備考
発注	1	発注 ID		半角英数字	【1 データの単位となる主 ID】発注データ作成時にシステムで発行される発注番号。
発注	2	発注日	発注日	yyyy-mm-dd hh:mm:ss.fff	発注処理を実行した（システムに記録した）日時。
発注	3	発注データ作成日時	発注データの作成・登録日	yyyy-mm-dd hh:mm:ss.fff	システムで自動記録される日時。
発注	4	発注区分	発注区分コード	半角英数字（コード）	リスト発注，見計い，リクエスト購入などを想定。
発注	5	発注状態区分	発注状態区分コード	半角英数字（コード）	発注状態で，本発注,仮発注,中止などを想定。
発注	6	発注状態変更日	発注状態区分の変更があった日時	yyyy-mm-dd hh:mm:ss.fff	システムで自動記録される日時。
発注	7	発注館	発注館コード	半角英数字（館コード）	
発注	8	書誌 ID	システムで発行される書誌の ID	半角英数字	
発注	9	受入区分	受入区分コード	半角英数字（コード）	購入，寄贈などを想定。
発注	10	発注先	発注先コード	半角英数字（コード）	書店名などを想定。
発注	11	予算区分	予算区分コード	半角英数字（コード）	資料費，消耗品費などを想定。
発注	12	発注取消理由	発注取消理由コード	半角英数字（コード）	有効，品切れ，絶版などを想定。

発注	13	発注取消日	発注取消日時	yyyy-mm-dd hh:mm:ss.fff	システムで自動記録される日時。
発注	14	所蔵館	所蔵（受入）館コード	半角英数字（館コード）	受入予定館を想定している。
発注	15	場所区分	所蔵（受入）場所区分コード	半角英数字（場所コード）	受入予定場所を想定している。
発注	16	資料区分	資料区分コード	半角英数字（コード）	図書，雑誌，AVなどを想定。
発注	17	蔵書区分	蔵書区分コード	半角英数字（コード）	一般，児童，参考などを想定。
発注	18	形態区分	形態コード	半角英数字（コード）	文庫，新書，CD，DVDなどを想定。
発注	19	貸出区分	貸出可否（貸出禁止）判別コード	半角英数字（コード）	貸出可，禁帯出，館内貸出などを想定。
発注	20	予約区分	予約受付可否判別コード	半角英数字（コード）	予約可，予約禁止などを想定。
発注	21	請求記号		半角英数字	ローカルデータの説明を参照。
発注	22	受入資料ID	システムで発行される資料ID	半角英数字	受入時に付与される。受入後も発注データを保持するシステムを想定している。
発注	23	消費税区分	税区分コード	半角英数字（コード）	5%，8%，10%，なしなどを想定。
発注	24	購入予定価格	予定価格	整数	税込価格か税別価格かは，出力側が別途記載する。
発注	25	発注冊数	冊数	整数	1発注データで複数発注できるシステムを想定している。
発注	26	発注データ修正日時	発注データ最新変更日時	yyyy-mm-dd hh:mm:ss.fff	システムで自動記録される日時。
発注	27	発注データ修正館	発注データ最新変更館コード	半角英数字（館コード）	
発注	28	発注備考	発注に関する備考（付記事項）	全角文字列	
発注	29	発注先受注管理コード	発注先の受注管理コード	半角英数字	発注先の受注管理コードをシステム上で管理している場合を想定している。

発注データ移行仕様書（選定）

ファイル名	項番	データ項目	データ内容	出力仕様	備考
発注	A1	選定番号	システムで発行される選定番号	半角英数字	【1データの単位となる主ID】選定データ作成時にシステムで発行される選定番号。
発注	A2	選定日時	選定データ登録日時	yyyy-mm-dd hh:mm:ss.fff	システムで自動記録される日時。
発注	A3	選定館	選定館コード	半角英数字（館コード）	
発注	A4	発注区分	発注区分コード	半角英数字（コード）	リスト発注，見計い，リクエスト購入などを想定。
発注	A5	購入先	購入先コード	半角英数字（コード）	書店名などを想定。
発注	A6	書誌ID	システムで発行される書誌ID	半角英数字	
発注	A7	発注データID	システムで発行される発注ID	半角英数字	発注時に付与される。発注後も選定データを保持するシステムを想定している。
発注	A8	選定冊数	冊数	整数	1発注データで複数冊数選定できるシステムを想定している。
発注	A9	選定者名	職員名	全角文字列（半角英数字（コード）の可能性あり）	文字列を想定するが，コードで入力できる可能性も考えられる。
発注	A10	選定備考	選定に関する備考（付記事項）	全角文字列	

第1章　図書館システムのデータ移行問題検討会報告書

＜資料＞

「図書館システムのデータ移行問題検討会報告書」に対する意見と
検討会の考え

	意見	検討会の考え
1	ベンダーを含めた意見交換会をしてはどうか。	2018年12月17日の報告会に参加があったベンダーからの反応を踏まえて，当データ移行問題検討会の報告後の検討を行う委員会等の設置と共に，ベンダーとの意見交換会を行う必要性を感じています。
2	経費の節減のためクラウド化により自治体の共同調達が広まり始めている実態があり，それに伴う検討も必要になるのではないか。	クラウド化や共同調達が行われつつある現状においても，公共図書館の業務の標準化が進まないことには，データ移行や選定に係る問題は解消しないと考えています。
3	資料費よりシステムにかかる費用のほうが高く，また5年ぐらいでシステムを更新しなくてはならない。データを拘束されているから取引先企業の言い値でというのがあると思う。図書館システムに実装が必要なものは，この移行仕様書に従って現行システムからデータを出力出来ること，及び，データへの取り込みというルール作りはできても，現行のシステムからデータを抽出して標準化のコンバートにするというプログラムがある程度標準化されていないと，なかなかベンダーに対してもこれを取り込んでくださいといえないと思う。その辺を一歩先に勧める考えはあるか。	この仕様を調達の際に要求仕様として記載して，対応しているシステムまたは対応するシステムの当該費用と，対応がない場合は5年後のデータ抽出費用を提出する資料とし，移行に係る費用を選定段階で評価する調達を行う図書館の数が増えると，自然とベンダーも図書館システムのパッケージに取り込むものと考えています。また，このデータ移行仕様書を基に，図書館側で仕様の調整が進められ，その上で全図書館システムベンダーとの協議が行えるようになれば，計画的に標準化が進められるようになると考えています。 そのための方法論の広報は必要だと考えています。

37

4	通常のデータ移行に関して暗号化されているデータの取扱をどうするかということも今後検討したほうがよい。	今後の検討において重要な案件と認識していますが，当検討会は期間限定で検討できません。しかるべき組織が専門家を交え検討していく必要があるものと認識しており，2018年12月17日に，学習会を開催しました（本書第2章参照）。
5	・時刻について 日本の標準時（JST）なのか，世界標準時（UTC）なのか。移行が誤っていても，そのままシステムが動いてしまう部分なので，気付かないことも多い。	世界標準時（UTC）とし，システムの都合上，日本標準時（JST）で出力する場合は，特記する。としたいと考えます（1.10版に反映）
6	パスワードのハッシュ関数は図書館でコントロールしていないといけないのではないか。万一図書館での流出があった場合，利用者が共通のパスワード（クレジットカード）を使用している可能性が高いため，どのような対応をしていたか，把握できていなければならないと考える。	2018年12月17日に学習会を開催しました（本書第2章参照）。
7	請求記号の文字制限はどの程度と考えているか。	各図書館の運用の多様性確保と既存データの状況によるため，基本的には文字数制限はないと認識しています。
8	日時の管理について，ミリ秒まで記録する意味は何か。	保持しているデータを劣化させないという考え方から，ミリ秒単位で管理している大規模館向けシステムに合わせています。ミリ秒まで保持していないデータについては，補正することで，データフォーマットを合わせることとしています。
9	ベンダーであるが，最近5年後（契約終了時）のデータ責任を負うこととする仕様書が増えて	データ移行がシステム更新に伴う問題となっていて，そのための図書館側の自衛としてそのような仕様が出るようになっていると捉え

第1章　図書館システムのデータ移行問題検討会報告書

	いるが，詳細がなく，契約時に費用の算出をすることは難しいと感じている。	ています。しかし，責任分解点が不明確な仕様は問題を孕むため，この仕様書がその責任分解点の基準となるよう，広く利用されるように広報したいと考えます。また，図書館側とベンダーとで協議しつつ精度を上げていく必要性も認識しています。
10	ベンダーからの，この件についてのアクセスはあったか。	2018年12月17日の報告会には複数社に参加いただき，システムの標準化とともに図書館業務の標準化の必要性などについても意見をいただきました。システムに取り込まれるようしていくことは，広報を含め，今後の課題の1つであると考えています。
11	図書館であるが，この表をどう活用すればいいのか，今一つ分からない。	まず自分の図書館のデータとの比較をして，違いがどこにあるのかを調べ，この仕様書に合わせられるかを検討するところ始めるとよいのではないかと考えています。この仕様書では運用が難しいと考えられる箇所については，検討会宛てに連絡をいただけると今後の検討の対象となると考えています。
12	このような活動を続けていっていただきたい。特に，この報告書を使った結果をお知らせいただきたい。また，今後見直しも必要と考えているので，継続していってほしい。	この報告書については，今後も多くの図書館とベンダーからご意見をいただきたいと考えています。また，実際に調達の際の仕様書に組込み，使ってみて問題が発生しないか，精度を上げることも課題と考えています。そのためには，図書館からフィードバックをしていただく必要性を感じています。当検討会は，時限の検討会であるため，継続する若しくは引き継ぐ組織については，日本図書館協会に必要性の声をぜひ上げて頂きたいと思います。
13	相互貸借データについて，相互貸借の履歴等の移行については，検討されているか。	基本的な5項目に絞って検討したため，相互貸借は検討の範疇外としたところです。ただ，相互貸借はパッケージによって大きく異なりますが，その原因は図書館側が標準的

39

		な機能を示すことができていない状況があるのではないかと考えています。
14	ベンダーによって，システムの基本的な組み方（考え方）が違うのではないかと感じている。こういった標準のものが広まればベンダーの考え方も変わってきて，図書館側の労力も減るのではないかと思っている。	日本における図書館システムの発展経緯として，標準化をおこなってきていないことの弊害が現状のデータ移行問題に出てきていると捉えています。図書館及びベンダーへの広報により，この仕様書及び標準化の検討を進める必要性について，合意ができればよいと考えています。
15	総務省「中間標準レイアウト仕様」をどのように参考にされたか。	各システムの設計には関わらず，移行時に出力するデータを標準化するということで，調達時の選定を公平にするという考え方を参考にしました。
16	統計データの移行についても検討していただきたい。	日本図書館協会が調査している数値以外についても図書館として必要としている統計があると思いますが，図書館側がそれをベンダー側に示す必要があると考えています。また，統計の算出方法の定義も定まっていないことも課題と考えています。
17	データの移行が標準化されれば，各ベンダーの特徴を見極めて選定がしやすくなるのではないかと思っている。	人口減少社会に移行していく日本において，開発・維持コストが掛からない図書館システムは必要になっていると考えます。その基本となる仕様については，日本図書館協会，文部科学省等が中心となって推し進めることで，システムの調達において，ベンダーごとの機能差による選定も可能になると考えます。
18	各図書館システムで使用している用語について，ベンダーと打ち合わせをしていると解釈の違いが起きていることがある。用語の統一も検討していただきたい。	図書館側が用語の定義を進めてこなかったという状況がありますので，用語についても今後検討すべき課題と考えています。

| 19 | 図書館利用者としてある図書館システムが，利用者単位の督促履歴（5年分の累積督促回数）が残していることを知ったが，このような個人情報データを残す必要性はあるのか。 | 督促履歴は，図書館システムによる機能であったり，各図書館の運用上の設定によると考えます。更に図書館システム固有の設定で必然的に残ってしまう場合もあると考えます。このように，個々の機能実装を見ると「図書館の自由に関する宣言」との関係があいまいになっている場合も見受けられるように思います。
一方，図書館システムは各図書館からの要望から発展してきた経緯もあります。たとえば，破損資料対策として，貸出履歴を残すことを仕様として調達した図書館もあります。また，読書通帳のシステムは貸出の履歴が，図書館システムのサブシステムと言える読書通帳サーバに保存されるという事例もあります。これに対しては，図書館の自由委員会が策定を進めている「デジタルネットワーク環境における図書館利用のプライバシー保護ガイドライン」により，図書館側が守るべき基本原則が明確にされるものと考えています。 |

※本表の意見には，「図書館問題研究会 全国大会分科会」（2018年7月1日・大津）・「日本図書館研究会 研究例会」（2018年7月23日・大阪）にて委員が報告した際の質疑応答，及び，「報告書報告会」（2018年12月17日・東京）の質疑応答の内容を含みます。

図書館システムのデータ移行問題検討会の開催経過

1. 2015年度

➢ 2015年10月1日 2015年度通算第4回理事会において図書館システムのデータ移行問題検討会設置要項案と選任委員案が承認された。

➢ 2015年10月30日からメール会議を開始し，座長には互選により大場高志が選出された。

➢第 1 回集合会議　2015 年 12 月 8 日（火）日本図書館協会

　今後の進め方と大まかなスケジュールを確定した。

➢第 2 回集合会議　2016 年 2 月 1 日（月）日本図書館協会（欠席：新出）

　各委員担当のデータ移行出力項目のチェック作業を行った。

2．2016 年度

➢第 3 回集合会議　2016 年 4 月 25 日（月）日本図書館協会（欠：天谷真彦，村岡和彦）

　・第 2 回に引き続き各委員担当のデータ移行出力項目のチェック作業を行い，今後の
　　スケジュールを確認した。

➢有識者ヒアリング　2016 年 9 月 2 日（金）教育政策研究所

　・有識者は江草由香（教育政策研究所），川嶋斉（野田市立興風図書館），高久雅夫（筑
　　波大学），吉本龍司（カーリル）の 4 名，検討会からは大場高志，林友幸，米田渉
　　の 3 名が参加した。有識者ヒアリングの主な意見は以下のとおり

　・JLA の標準データ項目は絶対的なもの（絶対必須）だけに絞ったほうがよい。標準
　　データ項目に拡張領域を要しておき，各メーカが登録できるようにし，拡張領域に
　　登録したものは公開する。

　・各図書館で絶対に持っているデータは基本フォーマット的な部分で扱い，方言をな
　　くしていく。この部分が今回の仕様書にあたるだろう。それ以外は拡張部分で扱う
　　形が考えられる。

　・きっちり決められる部分は出力を定義したほうがよい。

➢第 4 回集合会議　2016 年 12 月 5 日（月）日本図書館協会（欠：天谷真彦，奥野吉宏，
　村岡和彦）

　・有識者ヒアリングを受けての対応策を議論した。

　・検討会を延長することが必要であることを確認した。

➢第 5 回集合会議　2017 年 2 月 6 日（月）日本図書館協会（欠：米田渉）

　・検討会を 1 年延長するための資料を作成することを確認した。

➢2017 年 3 月 17 日 2016 年度通算第 6 回理事会において本委員会設置要項を一部改正
　し委員の任期を 1 年延長した。

3．2017 年度

➢2017 年 6 月 18 日（日）日本橋ルノアール　米田渉，林友幸，天谷真彦

・データ移行出力項目表の精度向上と報告書の作成手順について検討し，東西に分かれて作業することとした。

➤ 2017 年 8 月 20 日（日）日本図書館協会　米田渉，林友幸，新出，大場高志
・データ移行出力項目表について奥野修正追加案についてチェックした。

➤ 2017 年 9 月 18 日（月）日本図書館協会　米田渉，林友幸，大場高志
・引き続きデータ移行出力項目表についてチェックを行った。

➤ 2017 年 10 月 8 日（日）日本図書館協会　米田渉，林友幸，奥野吉宏，大場高志
・データ移行出力項目表チェックした。

➤ 2017 年 11 月 25 日（土）大阪日本図書館研究会事務所　奥野吉宏，天谷真彦
・データ移行出力項目表チェック
・報告書案検討

➤ 第 6 回集合会議　2018 年 1 月 20 日（土）日本図書館協会（欠：新出）
・西地区検討のデータ移行出力項目表をチェックした
・報告書の構成を検討した。
・理事会報告までのスケジュールを確認した。

➤ 第 7 回集合会議　2018 年 2 月 10 日（土）日本図書館協会（欠：新出，村岡和彦）
・各データ移行出力項目表の最終的なチェックを行った。
・「図書館システムのデータ移行問題検討会報告書」の全体構成を検討した。
・報告書の成案提出のスケジュールを確認した。

図書館システムのデータ移行問題検討会設置要項

（目的）

第 1 条　図書館システム更新時におけるデータ移行時に使用する用語の共通化及び機能要求仕様書等の適正化について検討し，図書館現場における図書館システム更新に伴う各種トラブルを未然に防ぎ，もってより良い図書館システムの普及を図り，図書館の振興に資することを目的として，図書館システムのデータ移行問題検討会（以下「本会」という。）を設置する。

（設置の期間）

第 2 条　本会の設置の期間は 2015 年 10 月 1 日から 2018 年 3 月 31 日までとする。

（組織）

第 3 条　本会は，次の委員をもって組織する。

　（1）　公立図書館のシステムの知識と技術に精通する会員　若干名

　（2）　公立図書館の運営に精通する会員　　　　　　　　　若干名

　（3）　日本図書館協会常務理事等　　　　　　　　　　　　若干名

2　委員の委嘱または解任は，理事会の議決を経て理事長が行う。

3　本会の座長は委員の互選とする。

4　本会は必要に応じて，システムベンダーや専門家，各図書館担当者等に意見を聞くことができる。

（報告）

第 4 条　本会の検討結果は理事会に報告するとともに，検討成果物として刊行することを目指す。

（事務）

第 5 条　本会の事務は日本図書館協会事務局で行う。

（改廃）

第 6 条　この要項の改廃は，理事会の議決による。

　　　　附　則

1　本要項は平成 27 年 10 月 1 日から施行する。

2　本要項は平成 29 年 3 月 17 日から施行する。

第1章　図書館システムのデータ移行問題検討会報告書

図書館システムのデータ移行問題検討会委員

区　分	氏　　名	所　　属
1	新　　出	白河市立図書館
1	天谷　真彦	守山市立図書館
1	奥野　吉宏	京都府立図書館
1	米田　渉	成田市役所
2	林　　友幸	富士見市役所
2	村岡　和彦	帝塚山学院大学
3	大場　高志	常務理事

※所属は 2018 年 3 月現在

報告書改版履歴

・1.00 版

　2018 年 3 月　理事会報告・ホームページ公表

・1.01 版

　2018 年 3 月　誤字脱字訂正

　　訂正箇所（該当箇所下線）

　　8．各データ移行仕様書と解説

　　　①　ローカルデータ移行仕様書　別置記号に関する表「データ例」の項目（p.14）

　　　②　利用者データ移行仕様書　別表「メールアドレス」の項目（p.28）

・1.10 版

　2019 年 3 月　日時管理について加筆

　　加筆箇所（該当箇所二重下線）

　　7．データ移行仕様書の考え方　日・日時の管理についての項目（p.10）

45

第 2 章

学習会「図書館システム個人パスワードの管理と移行の課題」
記録

日時■2018 年 12 月 17 日
会場■日本図書館協会　2 階研修室
講師■吉本　龍司氏（㈱カーリル代表取締役）
参加者■74 人

司会（奥野吉宏：図書館システムのデータ移行問題検討会元委員，京都府立図書館）

　第2部，学習会を始めます。本日は個人パスワードの管理と移行の課題について，カーリル代表取締役の吉本龍司さんからお話いただきます。吉本さんの詳しいご紹介は省略しますが，カーリルには図書館とは切っても切れない部分を担っていただいていて，私自身も日々の業務の中で，カーリルのシステムで横断検索をして相互貸借をしています。そういった関係の立場から，本日のお話をいただきたいと思っています。

吉本龍司（㈱カーリル代表取締役）

　よろしくお願いします。カーリルの吉本です。図書館と切っても切れない関係になっているというご紹介，ありがとうございます。

　第1部の調達の話を聞いていまして，僕が持っている危機感として，実際のところベンダー[1]といっている人たちは，もうやめたがっているんじゃないかということです。つまり，選ぼうと思っても選べなくなってくる時代になってきていると，僕自身感じています。そういう中で今回の仕様の話とか，建設的な話を進めないといけない。ベンダーをいじめているだけではだめだろうなと思っています。

　今日のテーマはパスワードがリセットされてしまう問題について，解説なり，今後どうすればよいか，僕なりに頑張ってみました。60分パスワードの話をするというのはこれはレベルが高くて，カーリルの話をしてくださいといわれれば2時間でも3時間でもできるんですが，パスワードの話を60分するのはけっこう大変です。大変ですが，頑張りますのでよろしくお願いします。

パスワードの定期的な変更は無意味

　まず話題提供ということで，これは総務省の「国民のための情報セキュリティサイト」です。パスワードの定期的な変更では「3か月に1回とか1年に1回，変えてください」ということが無意味だろうと以前からいわれていましたが，「パスワードの定期的な変更は意味がない。むしろリスクを増大されている」

> ### パスワードの定期的な変更は無意味
>
> 総務省の「国民のための情報セキュリティサイト」
>
> http://www.soumu.go.jp/main_sosiki/joho_tsusin/security/basic/privacy/01-2.html
>
> これまでは、パスワードの定期的な変更が推奨されていましたが、2017年に、米国国立標準技術研究所（NIST）からガイドラインとして、サービスを提供する側がパスワードの定期的な変更を要求すべきではない旨が示されたところです（※1）。

ということが研究でも明らかにされ，ようやく国のほうもやめましょうと案内しているものです。

このようにセキュリティの話は，昔は当たり前だったことが，いろいろ情勢の変化や認識が変わり，どんどん変わっていきます。だから，今日僕がここで言ったことも，この時点では僕はベスト・プラクティス（最も効率のよい手法）だと思っていますが，来年，再来年と，どんどん変わっていくんだ，と認識いただければと思っています。

パスワードは移行できるのか

さて，今日のテーマ，パスワードに移行できるのかという話です。

ホームページに出ていたある市立図書館の例ですが，ログイン時のパスワードについて，「新システムは半角数字1～6桁となります。以前，7桁以上のパスワードを設定していた方は，新規にパスワード登録してください」というものがありました。

1桁でもいいんだということもあるのですが，以前はどうやら7桁以上設定できていたみたいです。パスワードが6桁までは移行できたけれど，なぜか7桁以上の人は移行できなかったということです。こんなことが，日々起こっているということです。

カーリルはご存じのとおり，全国の図書館の横断検索（をする）サービスをしていますが，毎日毎日（図書館）システムが変わっています。大学図書館もそうですが，公共図書館も常に変わっています。今月に入ってから，ベンダーが変わったケースだけでも20～30件のシステム更新があります。このような形でシステムが変わると，現状ではパスワードはリセットされ新しく登録が必要になるということが通常かと思います。しかし，実はうまく移行できている

ケースもいっぱいあるのですが，それは気にされることがないので，結果的に
リセットされるケースが目につくようになっていると思います。

　なぜリセットが起こるのか。今日は図書館員も利用者の方もベンダーの方も
いますが，よくある説明は，こんな感じだと思います。もし，こんな説明じゃ
ないということであれば，質疑応答で教えてほしいと思っています。「パスワー
ドは安全のために暗号化して保存しています。暗号化の方法は企業秘密なので
開示することができません。よって，新しいシステムにはデータ移行はできま
せん。」こんなようなロジックで，新しいシステム，特に新しいベンダーになっ
たときは，パスワードのデータ移行ができないというのが，通説というか，日
常的に発生している現象かと思っています。

　なぜ，こんなことが起こるのかを，まず紐解いていきたいと思います。

何故リセットが起こるのか

- よくある説明

　パスワードは安全のために暗号化して保存されて
いる

　暗号化の方法は企業秘密なので開示できない

　よって新しいシステムにはデータ移行はできない

パスワードの平文保存問題

- 平文 = へいぶん・ひらぶん = Plain text
- 他のサービスでも同じパスワードを使っている問題
- 内部からの閲覧を防げない（図書館員が閲覧）
- 漏洩リスク

平文でパスワードを保持したくないし（だから暗号化），
平文でパスワードを保持しているサービスにはパスワードを
設定したくないよね。というのは共通認識でOK？

　パスワードの平文保存問題，
僕は「へいぶん」と読んでいま
すが，Wikipediaを見ると「ひ
らぶん」と読むと出てきます。
英語で言うとPlain text。つま
り「僕のパスワードは"abcdef"
だよ」といったら，そのまま
"abcdef"と保存しておくこと。
パスワードをそのまま保存して
おくことを，平文保存と言って
います。何が危険なのかという
こと整理してみると，だいたい
みんな，同じパスワードをほか
のサービスでも使いまわしてい
ることが根底にあります。

　図書館のシステムにログイン
するときに，「パスワードを設
定してください」と表示された

第2章　学習会「図書館システム個人パスワードの管理と移行の課題」記録

のでパスワードを設定すると，同じパスワードを銀行でも使っている。あるいは，他のシステムやメール，○○トラベルとかも同じパスワードになっているという中で，図書館にパスワードを預けちゃうと，それさえ預かれば，なんでも使えるので，預かったパスワードはけっこう危険。実は一番大きいのが「内部からの閲覧を防げない」という問題があるからです。

　「パスワード忘れちゃったので，教えてください」という問い合わせに，「パスワードはこれですよ」答える図書館。これが平文保存している図書館ということですが，自分が保存しているパスワードを教えてもらえるということは，図書館のスタッフにも自分のパスワードがわかるということです。平文保存しているとこれはどうやっても防げないので，「好きな人がいたんで，その人のメールを見ちゃいました」という話は，システム管理者ならみんなできちゃう。セキュリティ云々の話の前に，そういうところが担保できないので，そもそも平文保存しない。それが，業界というかパスワード保存においてはトレンドになっています。

　もう一つは漏洩リスク。そもそも通常パスワードは厳重に守るんですが，手違い，事故，予期しないことでそれが漏れちゃったらどうなるか。銀行やクレジットカードなどと同じパスワードに設定しているので，図書館にはどうでもいい情報しかなかったとしても，その人が持っている他の情報，例えばメールに簡単にアクセスすることができて，情報が流出しちゃうことになってしまいます。図書館の人は「図書館のシステムだけ（で使っているパスワード）でしょ」と思っているかもしれませんが，利用者としてはまったくそうではないということが，実態としてあります。

　なので，「平文でパスワード保存しておきたくない。だから，暗号化」という話が出てきます。また，平文でパスワードを保持しているようなサービスや図書館には，そもそも「ユーザー登録したくないよね」というのが利用者の気持ちとして，当然かなと思います。ここまでは，共通認識でOKですよね。ここまでは，世界中の共通認識になってきているのではないか思いますが，どうですか。

　そういう中で，パスワードデータが流出する事故はどれだけ起きているのか

> ### パスワードデータの流出
>
> ・過去の流出データは統合・正規化され広く流通
> 　横断検索するサービスで試してみよう
>
> ### https://haveibeenpwned.com/
>
> ・データ流出することはあり得る
> 　脆弱性・設定ミス・故意・削除せずに廃棄などなど
> 　カーリルでも個別図書館に対して複数指摘
> 　（パスワードの入ったファイルがそのまま公開etc…）

という話ですが，これは，図書館を相手にするというよりも，Twitter や Facebook，Adobe などが過去に大規模データ流出という事故を起こしています。自分のところのユーザーのパスワードデータや，後でお話しますパスワードのハッシュ化データを，何十億件という単位で流出させてしまったという事故が実際に起きています。ということは，それだけ大きくてデータ保護にお金をかけている会社ですら，漏れているということです。だから，そもそも「安全です」ということはいえないんじゃないかと思います。つまり，安全にすることは当たり前のことなんですが，設定ミスや，故意で内部犯行があったりとか，あるいはハードディスクデータを削除せず捨てたとか，いろいろな問題があってデータ流出することがあります。

　実際，カーリルがいろいろな仕事をやっている中で，図書館が公開しているデータの中にパスワードとかが混じっているのを見つけて，「これ大丈夫？」と指摘したことが今までに数件あります。その公共図書館のユーザーのパスワードとかを，全部公開しちゃっている（状態です）。これは，故意ではないにしろ，そういったことはありえるわけです。そのときは平文パスワードでした。

　ここで，どのくらい流出が起きているか見られるサイトがあるので，見てみたいと思います。

　これは過去に流出した個人情報・パスワードデータを横断検索できるサイトです。このサイトは，ダークウェブ[2]といわれるところで売られているものをわざわざ買ったりして集めてたりしていて，過去に流出したパスワードのデータを全部とは言えませんが，見ることができます。ここに僕が持っている一番古いメールアカウントを入れてみます。そうすると，「漏れてますね」という表示が出てきます。どこから漏れたのかというと，Adobe から 2013 年に漏れ

第 2 章　学習会「図書館システム個人パスワードの管理と移行の課題」記録

ています。また，myspace から 2008 年に漏れています。パスワードも漏れています。メールアドレス・パスワードのヒント・ユーザー名なども漏れています。

　世の中にいるほとんどのインターネットユーザーの情報はもう漏れています。なので，実はパスワードはみんなもう公開されている状態になっていると考えてください。過去に設定したことがあるパスワードは，それぞれどこかで漏れています。その都度パスワードをリセットするとか，いろいろなオペレーションが行われてきて，セキュア[3]には保たれているはずなんですが，（パスワード自体は）こんな感じで漏れています。

　また，この一覧の Anti Public Combo List とかいう表示が何かというと，ハッカーがいろいろなサイトから集めたパスワードを集約したものです。現在では，市場では何百億件という規模にしないと売れないので，統合して，整理して，なおかつ今生きているメールアドレスに限定して売りさばかれています。図書館のデータもたぶん入っています。そしてそのことを，図書館が気づいていない可能性が高いと思います。

　どこから漏れたかわからないデータが大量に流通していて，例えば最近では

53

「PayPay で不正に決済されました」という話がありましたが，実はそのときに使われる個人情報は，このように流出したデータが使われて，さもその人が現れたようにできる，ということが起こっているということです。

　パスワードの使いまわし問題というのがありますが，今のサイトのような集約したデータから統計を取ると，一番多く使われたパスワードは123456，2位は123456789，ということで，このパスワードを打てば，だいたいログインできるということがわかっているんです。確率論的な話です。

パスワードの使いまわし

出典
https://medium.com/4iqdelvedeep/1-4-billion-clear-text-credentials-discovered-in-a-single-database-3131d0a1ae14

	Count	Password		Count	Password
1	9218720	123456	21	370652	666666
2	3103503	123456789	22	354784	123
3	1651385	qwerty	23	347187	monkey
4	1313464	password	24	343864	dragon
5	1273179	111111	25	311371	1qaz2wsx
6	1126222	12345678	26	300279	123qwe
7	1085144	abc123	27	299984	121212
8	969909	1234567	28	298938	myspace
9	952446	password1	29	291132	a123456
10	879924	1234567890	30	276473	qwe123
11	866640	123123	31	270488	1q2w3e4r
12	834468	12345	32	268121	zxcvbnm
13	621078	homelespa	33	263605	7777777
14	564344	iloveyou	34	255079	123abc
15	527158	1q2w3e4r5t	35	250732	qwerty123
16	470562	qwertyuiop	36	241721	qwerty1
17	468554	1234	37	241495	987654321
18	417878	123456a	38	227701	222222
19	398114	123321	39	226785	555555
20	371627	654321	40	220363	112233

　これが辞書攻撃といわれるもので，よく使われるパスワードって実は種類が少ないので，「100回くらい試すとだいたい当たっちゃう」ということがいわれています。

　とにかく，パスワードを平文保存することがとても危険で，先ほどの流出データの多くは，パスワードを平文保存していたものが流出しているので，もうインターネット上ではパスワード知っている状態になっています。たぶん図書館のデータも流通していて，市場で売買されているという状況が発生していると（いうことです）。

ハッシュ関数を使う(ハッシュ化)

　ここからどんどん難しくなります。

　そこで、ハッシュ関数を使う必要が出てきます。ハッシュ関数のことをよく暗号化といわれますが、まず、暗号化とハッシュ関数との違いを理解する必要があります。

　ハッシュ関数も、数学的には暗号の一種ではありますが、まず暗号化では「このデータを暗号化して送ります」というケースがあります。暗号化するときには鍵がある。何か鍵で情報をロックする。実際には、簡単に読めないようにして、鍵を使って開けるまでは読めなくしておくものが、暗号化といわれるものです。

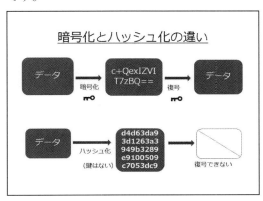

　パスワードで使われるのは、実は暗号化ではなくハッシュ化というものが使われています。ハッシュ化とは何かというと、「データをハッシュ化すると、なにか別のデータになります。だけど、それをもう元に戻すことはできません。同じパスワードを入れると同じハッシュのデータができてくるので、一方向には変換・暗号化できますが、そのデータから元のデータを作ることはできない」というのが、ハッシュ化というものです。

　数学的なところでこれができると、こういうことができます。

　パスワード設定をします。図書館のデータベースにはハッシュ化されたパスワードの文字列を保存します。今度ユーザーがログインするとき、もう1回同じハッシュ化をします。すると、正しければ同じ文字列になるので、ハッシュ化されたもの同士を比べると、この人のパスワードは一緒だと保証できるということになります。

　なんで、こんな難しいことをするのかというと、さっき言ったとおり、平文保存したくないからです。図書館システムの中に人から預かったパスワードを

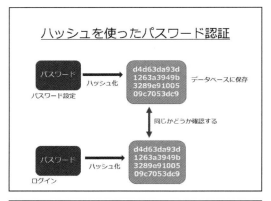

そのまま保存しておくと，それが流出したときに，取り返しがつかなくなるのでハッシュ化して保存しておく。ハッシュ化されたものからは絶対に，絶対にを保証するのは大変なのですが，絶対に元に戻せないので元のパスワードはわからない。もしこのデータが漏れたとしても，ハッシュデータを入れてもパスワードは絶対に通らない。なぜなら，ハッシュデータをもう1回ハッシュ化するので，別の値になります。何を入れたら，同じハッシュデータになるかっていう情報は，わからない。これがハッシュ関数の特徴になります。

このハッシュ関数って何かというと，一番身近なのがチェックサム [4] やチェックデジット [5] です。ISBN のチェックデジットってわかりますか。ISBNの一番最後の桁はチェックデジット，いわゆる検算項目です。ただ，0〜9までの 10 パターンなので，間違っていても 10 分の 1 の確率で当たってしまう。これが，ISBN です。この確率を限りなく小さくしていったのがハッシュ関数というものです。これは相当意訳なんですが，そのように思っていただけると身近な感じがするかなと思います。

このハッシュ関数は，いろいろな種類があって，昔，一番使われたのはＭＤ５（エムディーファイブ）というもので，最近使われているのは，SHA-1（シャーワン），SHA-2（シャーツー），最近 SHA-3（シャースリー）も出てきています。SHA-2 の中には 224bit から 512bit まで 5〜6 種類あります。

SHA-1，SHA-2，MD5，これはなんなのか。これがハッシュ関数で，データ

FIPSによる標準化

なかなか都度の独自開発はできない

連邦処理標準または連邦情報処理規格、略称FIPSは、アメリカ国立標準技術研究所 (NIST) が発行している標準規格で、事実上以外全ての政府機関及び請負業者による利用を目的として米国連邦政府が開発した公式発表の情報処理標準規格である。　（出典・Wikipedia）

Federal Information
Processing Standards Publication 180-3

2002 August 1

Announcing the

SECURE HASH STANDARD

Federal Information Processing Standards Publications (FIPS PUBS) are issued by the National
Institute of Standards and Technology (NIST) after approved by the Secretary of Commerce
pursuant to Section 5131 of the Information Technology Management Reform Act of 1996

を入れたらハッシュ化してくれるものです。

FIPS というのは，アメリカの連邦情報処理基準（または連邦情報処理規格）です。これはまさに第 1 部で説明があった標準化の話なんですが，みんながいろんな暗号化なりハッシュ関数を使い始めると，本当にそれが安全かわからないので，システムを構築する際に安全性が担保できない，ということで考えられたものです。日本が行う前に，アメリカが標準化してくれている状況です。

この FIPS という規格の中で "SECURE HASH STANDARD" という規格がありまして，"180-2" という英語の規格なんですが，この中で SHA-1，SHA-2 というのが定義されています。このうち，実は SHA-1 は Google が一昨年くらいに「攻撃できる」という脆弱性を発見しています。ただ，1 個を解くのに何億円かかりますが，国家権力だったらそのコスト負担もできるからすぐに開けられるみたいなことはわかっています。SHA-2 は，まだまだ安全だろうということはいわれています。その次の SHA-3 も標準化されているという状況で，なかなか都度独自開発できるようなしろものではなくて，アメリカ政府も相当なお金をかけて，防衛とかのために作らせたものを標準化している状況になります。

ここで実際にプログラムを動かしてみましょう。

これは Python というプログラム言語ですが，ハッシュ化ってどうやってできるのか，実際にやってみましょう。この Python という言語以外でもハッシュ化自体はだいたい標準の機能として組み込まれているので，プログラムは 1 行で書くことができます。Python では，こんなプログラムで SHA-2 にハッシュ化できます。値を "12" で試してみるとこのようにハッシュ化され，値を "13" にすると別の値にハッシュ化されます。また値を "12" にするとさっきと同じ

57

値になります。これがハッシュというもので，ハッシュ化して保存しています
とベンダーが言った図書館システムであれば，こういうものがパスワードの
データとして保存されているはずです。

"12"からハッシュ化すると必ずこの値になりますが，こっち（ハッシュ化
されたもの）から"12"と入れたことを計算するのはものすごく大変。ハッシュ
化についてはこれをまず押さえておいてください。

パスワードをハッシュ化すると，誰がやっても同じ値が得られます。つまり，
カーリルがやってもA社やB社がやっても，国際規格が同じなので，SHA-1
とかSHA-2とかのアルゴリズム[6]さえ合っていれば絶対同じ値になります。
ベンダーによって弱めに出たり強めに出たりして値が変わっちゃうということ
は絶対にありません。ノートパソコンでもサーバでも同じ結果が出ます。これ
ができると，データベースにハッシュ化して保存しておくことで，平文保存，
いわゆる「ユーザーから預かったそのままのデータを保存せず済む」というこ
とが担保できるわけです。

しかし，ハッシュが漏洩する，つまりハッシュのデータが盗まれる，あるい
は故意に開示されちゃう，などデータが流出するような状況も起こります。

実は，このハッシュ自体はとっても脆弱で，簡単に攻撃ができます。

ハッシュデータの攻撃

- パスワードをハッシュ化すると、たれがやっても同じ値が得られる
  #CODE1　ハッシュ化してみよう
- ハッシュが漏洩するとこの特徴を攻撃に活用できる（総当たり）
  #CODE2　パスワード6桁を総当たり
  総当たりで数秒で解析できる
- 同じパスワードはハッシュが同じ
  よく使われるパスワードから類推できる
- パスワードのハッシュ化データが流出するのは平文流出と同じ

やってみましょう。6桁のパ
スワードをさっきと同じ方法で
ハッシュ化してみます。この
ハッシュ化されたデータは6桁
のパスワードには復元できない
はずなんです。そこで，ここで
用意したプログラムは"0"〜
"999999"まで，数字だけとい
うことはわかっているとして，
100万回パスワードアタックすればどれか当たるのでは，というものです。こ
れを実行してみます。1.4秒で解ける。このノートパソコンでも，1秒くらい
でできてしまいます。

つまりハッシュが漏れて，パスワードが短かったり数字だけだったりしたら，総当たりして正しいものを検算するとすぐ見つかっちゃいます。これは律儀に総当たりをするようにしましたが，当たったらキャンセルするようにプログラムを足すと，なんと344ms［ミリ秒］です。総当たりすると言いながら，確率論的にはどこかで当たっちゃうものなので，通常はもっと早く見つかります。

さらに辞書攻撃というのがありまして，みんなが設定するパスワードはだいたい決まっているので，それを参考にして攻撃しちゃうと一瞬で解けてしまいます。

つまり，ハッシュ化したパスワードが漏れると，たしかに読めなくなっているんですが，ちょっと知っている人が解析すると，だいたい0.5秒くらいで解ける。パスワードの上にテープを貼っているくらい弱いものなんだということです。

ハッシュ関数の特徴として，同じ値のパスワードをハッシュ化すると絶対同じ値になります。これがその後の攻撃にものすごく使われていて，"123456"や"123456789"と設定している人が多いので，一番多いハッシュの値を持ってくれば，だいたいこの2種類の中から当たります。つまり，利用者のデータが全部漏れたとして，特定の人にピンポイントでログインするのは大変だけど，ログインできる人を探すのは一瞬でできちゃう。そして，それで十分なんです。10万件の中から1,000人分アクセスできれば，攻撃者にとってはけっこう十分なんです。

ハッシュ化したパスワードでもそれくらい脆弱な状況になります。このとき攻撃されるのはユーザーID側です。つまり弱い人を探すということにハッシュが使えるというわけです。

ここまでのことをまとめます。ハッシュ化されたパスワードデータの流出は，平文流出と同じだということ。プログラムを10行くらい足せば出るので，何も変わらないということです。そこで，ソルトというものが必要になります。

ソルトの必要性

ソルトとはなにかというと，塩をふりかけましょうということです。つまり

かく乱物質でごまかしましょうということになります。ここでもう一つみんなが知っている事実について触れておきます。それは1文字のパスワードは脆弱だということです。数字1文字なら総当たり10回で解けてしまう。辞書攻撃によって，解けてしまうということが簡単になる。簡単なパスワードが全体の穴になるんです。簡単なパスワードを設定する人がいるとそれ自体が脆弱になるということが起こります。

ソルトの必要性

- 1文字のパスワードは脆弱（総当たり耐性が低い）
- 辞書攻撃
  文字数を増やすと安全性が高まる
- そこでハッシュ化するパスワードを水増しする
  よくある例：一律、適当な文字を前・後に付加
  パスワードが1111の場合
  "1111図書館は、基本的人権のひとつとして知る自由をもつ国民に、資料と施設を提供することをもっとも重要な任務とする。"
  # CODE3　ソルトをつける

ソルトの必要性

- 同じパスワードを設定した人がわかる（ハッシュがおなじ）問題に対応
  ソルトに利用者番号やパスワードを追加
  "1111図書館は、基本的人権のひとつとして知る自由をもつ国民に、資料と施設を提供することをもっとも重要な任務とする。1003546"
  →ハッシュがユーザーごとに変わる

そこで，パスワードの文字数を強制的に増やしましょうということが取られてきました。パスワード1文字だと弱いので，とにかく適当に付け加えればいいんじゃないかという話です。例えば"1111"を設定した人に対して"自由宣言の文言"を毎回足すとパスワードが勝手に長くなります。これだけでも，とりあえず総当たりアタックに対しては強くなるということが取られています。

では実際にやってみましょう。パスワードが"1111"だと300msで解析できましたが，これにさっきの"自由宣言の文言"をつけると，実行中となって終わらない。たぶん明日まで待っても終わらないことになるので，計算コストが上げられます。総当たりをしにくくするという意味では，適当な文字を入れてあげればよいということがわかります。

もう一つ問題があります。このままでは同じパスワードを設定した人がわかる問題は解消しないんです。"自由宣言の文言"を毎回付けてソルト化すると，

やっぱり "123456" を入れた人は同じハッシュになるんです。だから，短いパスワードを設定している人への対策はできますが，同じパスワード設定した人対策は，できていないということになります。では，ここにどのようなソルトを入れるか，これはベスト・プラクティスではないのですが，よく取られている方法はソルトの中にユーザー番号を入れる，もしくはメールアドレスを入れるという方法があります。

　そうすると，同じパスワードでもソルトが絶対変わるので，ハッシュ化された値も必ず違ってきます。ハッシュを計算するときは同じルールで計算すれば，つまりパスワードを検査（認証）するときにも同じルールでソルトを入れれば，同じハッシュができる。これでかく乱することができます。総当たりをしようとしたら，全部に総当たりではなく一人一人に総当たりすることになり，計算コストをものすごく増大させることができるということになります。

　ソルトについてまとめます。

　ソルトはなんのためにあるかというと，パスワードを強制的に長くする役割と，同じパスワードの人でもユーザーによって異なるハッシュにする役割という2つの役割があります。

ソルトのまとめ

- パスワードを長くするため
- 同じパスワードでもユーザーによって異なるハッシュにするため
- データが流出しているときにはソルトも流出しているもの
  あえて公開するものでもないが，ソルトそのものの秘匿性は重要ではない
- CPUは年々速くなって，総当たりは簡単に
  ストレッチング（繰り返し処理）の必要性も高まっている
  総当たりコストを高くする
- これらを独自実装するのは困難

　よく，ソルト自体に秘匿性があるのか，つまり秘密にしなくてはいけないかどうかということが議論にあるんですが，データ流出するとソルトもだいたい漏れています。つまり，個人情報を全部取られた状態は，カウンターの中に入られて全部持って行かれた状態なので，どういうルールでソルト化しているかとか，どのようにプログラムされているかは基本的に全部漏れている状態です。それでいいんです。なぜかというと，そもそもソルトはなんのためにあるかと言えば，そのあと解読しにくくするためにあるだけなので，要は時間稼ぎです。事故が起きたら本当はみんなにすぐに変え

てもらいたいけれど，それがすぐにできなくても簡単には計算できないよという保証のためなので，ソルトそのものは厳重に管理する必要はない。自分から公開する必要はないが，これ自体がものすごく重要なものではないと考えられています。

ただ問題は，CPU 自体が，パソコンの処理速度が年々速くなっていることです。僕のノートパソコンでは 300ms でできたものが，例えば Google のデータセンターに行って計算すると，もっと短い時間でできる。さっきの"自由宣言の文言"のソルトを付けたものでも，僕のパソコンだと 100 年かかったとしても，Amazon のデータセンターに行くと，たぶん 1 日でできちゃいます。ただし，サーバ代をとりあえず 300 万積んで，というような話になるんですが，でもできちゃうんです。

ストレッチング

ということで，ここで新しい言葉，ストレッチングというものが出てきます。だいぶ簡略化して説明すると，今のハッシュ化の処理を何回も繰り返すことをしておけば，もっとかく乱されてよくわからなくなります。1 万回くらいが安全といわれていますが，現時点で回数に根拠はないです。このように，総当たりコストを高くすることが行われています。これはけっこう大変です。

図書館システムでこれをやれ，というのはものすごく大変です。現時点でいろいろな攻撃があり，いろいろな手法・技術があって，それらをかいくぐりながら，安全性を担保するには，これくらいのことをしなくてはいけない，ということをまず押さえてください。

何か，めんどくさいですね。

そこで，パスワードを保存するという処理に関する標準化という話になります。実はこれがわかれば，これまでの話，全部忘れてもいいかもいいかもしれません。

RSA 研究所というところが作成した公開鍵暗号化標準仕様で，PBKDF2 というものが出ています。RFC というのはインターネット標準という規格なんですが，これで規格化されているものです。さっきの連邦情報処理規格（FIPS）

PBKDF2による標準化

- https://tools.ietf.org/html/rfc2898
  RSA研究所の公開鍵暗号化標準仕様、RFC2898で標準化
- #CODE4　PBKDF2によるハッシュ化
- 現代の開発環境であれば1行で書ける(Python)
  パラメーターは、
  アルゴリズム・パスワード・ソルト（利用者番号など）・ストレッチ回数
- 鍵導出関数の一種
  https://en.wikipedia.org/wiki/Key_derivation_function
  https://ja.wikipedia.org/wiki/%E9%8D%B5%E5%B0%8E%E5%87%BA%E9%96%A2%E6%95%B0

PBKDF2による標準化
（一つの選択肢として）

- 動作環境や開発言語、ベンダーに依存しないパスワードの保存が実現
  https://docs.python.jp/3/library/hashlib.html
  http://d.hatena.ne.jp/tmatsuu/20120106/1325852543

よりはちょっとゆるい規格になります。

これのデモがあります。

今言ったすごくめんどくさいものを，多くのプログラム開発環境では1行で書けるようになっています。どのアルゴリズムを使うか，パスワードはなにか，ハッシュ，ソルトはなにか。ストレッチングを何回するか。これまで，やんなきゃいけないと言っていたことを1行でやってくれます。

結果は同じようにハッシュが返ってくるだけですが，実際にはハッシュ化を1万回処理したりとか，ソルトを加えたりという儀式的な処理をやってくれます。何がよいかというと，パラメータが決まっていることです。アルゴリズム，パスワード，ソルト，ストレッチ回数，この4条件で同じものが返ってきます。実は，例えばソルトを前につけるか後につけるかといったいろいろな条件が，自分で実装するとけっこう細かいところで変わってしまうので，A社の場合なんかちがうものが出るんだよな，ということになってしまうんですが，このPBKDF2の実装だと，いろいろな環境，いろいろなプログラムでも，これで計算して出したハッシュは，絶対一緒になるということが保証されています。これを何というかというと，鍵導出関数というそうです。

カーリルもかなりの部分でこういうものを使っています。実は，講演のために調べてわかったのですが，PBKDF2の実装は，例えばJava，JavaScript，Perl，ＰＨＰ，Python，Rubyなど，いろいろなプログラム開発環境で使えるよ

うになっています。つまり，開発業者がどの言語を使っていたとしても，PBKDF2で計算して，と言えば，かなり同じように動くような状況にはなってきています。

複数ハッシュの混在問題

　まだやることいっぱいあるんです。

　複数ハッシュ混在問題が，絶対出てきます。例えばMD5というハッシュ関数がありましたが，今では絶対に使うなといわれています。説明すると長くなりますので省きますが，要は一瞬で解けるようになってしまったからです。今までハッシュ化して安全だとされていたものが，4秒くらいで解けるということがわかったので，これをなんとか変えていかなければいけないということが，今起きています。

複数ハッシュの混在問題

- MD5は昔は安全と言われていた
- ハッシュをより安全なアルゴリズム・ソルトに切り替えたい
  - → 変えるとパスワードリセットが発生
    - （既存のパスワードが無効になってしまう）
  - "極めて危なくなったときには古いものを無効化したい"

データベース保存時に…

識別子を保存する（PBKDF2:ソルト:ストレッチ回数:ハッシュ値）とかよくやっている。

例）ABC:3ea99ff38f706ff9d45b965cc20ec5e6aab864b8ddd2f4e7b7a6520480246609

　ハッシュをより安全なアルゴリズムに変えたいということは，0か1か，つまり安全か安全ではないかという話ではありません。最近ではSHA-2より安全なSHA-3という規格ができましたが，現時点ではSHA-2で十分だけれども，新規ユーザーに実装するならばSHA-3で処理しておけば，SHA-2での実装よりは長く対応できる可能性があるというわけです。もしかしたらSHA-2が来年危険だといわれる可能性もあって，そのようなときに一気に何かをするというよりは，特にインターネットサービスをするときには「一部のユーザーに影響します」という方が気が楽なんです。

　みんな一気にどうこうするというのは大変なので，そのために複数のハッシュが混在できるようにするという実装が，多くの場合でとられます。資料では小さく書いていますがA社これ，B社これとかを頭に付けてしまい，それぞれの規格を実装してしまうと，頭の部分を見て同じプログラムで処理すれば

ハッシュは検証できるわけです。これが一個（一規格）しか入らない仕様だと，対応がなかなか難しいということで，特にオペレーションの中で切り替えていくということが少なからず発生してきています。カーリルでもけっこう発生しています。

最近この方法よいのではないかといわれているのが，PBKDF2で入り，ソルトとストレッチ回数を一緒に保存してしまう。かつ，ソルトをさっきの説明では図書館で一緒にしましょうと説明しましたが，最近これはトレンドではないらしく，1件ずつソルトを変える・ランダム生成する，そしてソルトごとユーザーデータとして保存するという方式になってきています。先ほどのように，ソルトは漏洩してもいいよね，という認識になってきていますので，ソルトは公開した状態で保存してしまうということが，今トレンドになってきています。

パスワード用ライブラリの活用

実は，こういうことを今まで僕が認識していたかというと，ほとんどしていませんでした。なぜか。パスワードの保存はむっちゃめんどくさくて，もはや一エンジニアでは手に負える量ではないんです。そこで，パスワード用ライブラリというのがあります。例えばカーリルで使っているものを紹介すると，Passlib というものがあります。

パスワードには，常に脆弱性とかいろいろ出てきて，それに対応して移行したりする必要があって，まさに今言ったようなものを使って，PBKDF2・SHA-256 で 29,000 回ハッシュ化して，ソルトはこれで，ということを一緒に保存してくれて，それの検証も全部してくれるオープンソース[7]のライブラリができています。正直，こういうものに頼らないと実装は無理だと，エンジニアとしての僕は思います。つまり，今言ったもの

パスワード用ライブラリの活用

- パスワードに関する処理は年々複雑化
- 誰もが正しい実装することはもはや困難
- ユーザーの多いライブラリを活用するべき

https://passlib.readthedocs.io/en/stable/

をすべてクリアする俺の作る最強のパスワードシステム，みたいなものを作るのは，超お金を持っていたらできるんですけど，非常に難しくなってきている。これは，実は10年前ならこんなものいらなかったものがほとんどだったのが，いろいろな攻撃が出てきたり，いろいろな手法が出てきたりしているので，それに対応していかなければいけない。今やっていることは，たぶん10年後20年後の攻撃に備えた予防をしていることなので，非常に難しくなってきているという状況があります。

パスワードのソルト化のまとめ

　アルゴリズムの選択肢は非常に限定的です。ハッシュレベルでは，SHA-1を使うとかSHA-2を使うとかがあります。最終的にSHA-1・SHA-2を押さえておけば，ハッシュ化はできますが，鍵導出関数でそこからよりに安全性を高めるにはPBKDF2ほか，2・3種類，現在実用的なものが出ています。どれがよいとかはありますが，ここで僕がPBKDF2を紹介したのは，Javaの実装があったりとか，今の日本のベンダーが使っているであろう開発環境に比較的受け入れやすいだろうということで，選んでみました。

アルゴリズムの選択肢は限定的

鍵導出関数（ PBKDF2 ）による仕様化が現実的

データは流出するし、アルゴリズムも漏洩する

要求仕様例

- PBKDF2（SHA-256）によるパスワードのハッシュ化を実施すること
- ソルトは別途提供するものを設定すること　もはや古いユーザーごとにランダム生成してハッシュと一緒に保存
- ストレッチング回数は10000回以上の別途提供する回数を設定すること
- PBKDF2によるハッシュ化関数のPython版実装を提供すること
- パスワードハッシュに識別子を設け、複数のハッシュ化パラメーターを混在できる設計とすること

では，PBKDF2で処理するにはどんな要求仕様にすればよいか？　PBKDF2はアルゴリズムを選択できるので，その中でアルゴリズムとしてSHA-256に対応することという形にする。また，資料ではソルトは別途提供するものを設定することとしていますが，Passlibのドキュメントを全部読んでいると，もはやそれは古いとちゃんと書いてあったので，それは推奨せずに，ユーザーごとにランダムにソルトをつけるということをしてみました。

　仕様にはいろいろあると思うんですが，実はさっきPythonで書いた

PBKDF2 の実装は 1 行です。割と重要なのは，同じことをするための実装が A 社オリジナル，B 社オリジナルであろうがいいんですが，動くものを Python の形で納品してくださいと言うと，絶対保証できる。さっき 1 行でも書けるので話しましたが，これですと言った結果を検証できるというのはお勧めかなと思いました。これは，仕様書レベルじゃなくて，実検証レベルでもいいんですが，ありかなと思いました。

「個人パスワードの管理と移行の課題」まとめ

　パスワードは移行できるのかという話を，ここまで聞いてどうだったでしょうか。

　もう 1 回最初にお話しした市立図書館の例を見てみましょう。1 ～ 6 文字の半角数字とすること，つまり以前 6 桁以内のパスワードを登録していた人は，なぜか移行できている。ハッシュ化するとそもそも元の文字数はわからないはずなんです。それとも，とても律義に前の文字数を保存していたかですね。でも，移行ができている。

　移行のために何が必要か。今のアルゴリズムを把握しよう，そして新しいアルゴリズムを決めよう，そうすると，前のデータを引き継いでも検証はできます。けれど，そんなこと言う前にできてるような感じもするんですが，どうでしょうか。

　ここで一つ伝えておきたいのが，よくこういう場面になるとベンダーから「企業秘密なので教えられません」といわれました，という話があると思います。僕が強く言っておきたいのは，「企業秘密などない！」ということ。これは非常に重要なことなので，企業秘密という話が出てもそれで終わりにせず，非常に重要なことだからしっかり話をしてもらうことが必要だと思います。"当社の考えた最強セキュリティ" というのは，だいたい破綻しているので，早くこれを何とかしましょう。

　まとめます。

> **何もしていない説** 対応できます
>
> **暗号化しちゃってる説** 対応できます
>
> **ソルトなしでハッシュ化しちゃってる説**
> 頑張れば対応できます・ソルト付加して再ハッシュ
>
> **パッケージで全部ソルト一緒説**
> 同じでも問題はない、今後変えていけるといいね
>
> **ベンダーも分かってない説**
> あ・・・

企業秘密といわれたとき，ベンダーは何をしているのでしょうか。

一つは，何もしていないケース。平文保存している。

もう一つは，暗号化しているケース。さっき言ったとおり，暗号化は鍵があれば元に戻るんです。そして，システムからデータ全部抜かれている状態で，鍵が漏れていないはずはないわけです。同じ場所においてあるのに鍵だけ置いていく人はいますか？　鍵は絶対に漏れるんです。だから，暗号化しても基本的に全部漏れるんです。

もう一つは，ソルトなしでハッシュ化しているケース。これも，元の情報（平文）を保存しているのと変わらない。

もう一つ出しにくい理由は，パッケージで全部ソルトが一緒というケース。でも，さっきの理論を聞くと，別に関係ないんです。カーリル製システムが全部同じソルト，例えば"吉本龍司の生年月日"をソルトにしていたとしても別に関係ない。

もう一つ，ベンダーもわかっていないケース。ベンダーもわかっていないんだけど，これは図書館がわかっていけば，たぶん大丈夫だと思っています。

これで利用者の秘密は守れるのでしょうか？

何もしていないケースは，そもそも平文で保存しているので，データ移行できるわけです。

暗号化しているケースも，鍵があれば元に戻せるので，データ移行できます。

ソルトなしでハッシュ化しているケース，これはちょっと厄介なんですが，頑張ればいけるけれども，リセットしてもいいかなという状況。

パッケージで全部ソルトが一緒のケース。これは全然問題なくて，ソルトをちゃんと図書館側に開示してもらえればよいと思います。

ベンダーもわかっていないケースというのもあるので，一緒にやっていかな

第2章　学習会「図書館システム個人パスワードの管理と移行の課題」記録

```
┌─────────────────────────────────────┐
│                                     │
│     古い開発環境が残存している        │
│          Strutsとか                  │
│                                     │
│             ↓                       │
│                                     │
│   "あたりまえ"の技術を劣化再発明      │
│                                     │
│      古いシステムの調達を             │
│   明確に排除する必要があるのかも       │
│                                     │
└─────────────────────────────────────┘
```

いといけないと思っています。

　こういうときに，図書館システム側の現在の問題は何かというと，古い開発環境が残存していることです。

　つまり 20 年くらい前の技術でずっと開発して，それが更新されていない。ここに書いている Struts とか，世界からは役割を終えたといわれているフレームワーク[8]など，もうこれは使ってはいけないといわれているものを，日本の図書館システムのベンダーはまだ使い続けているところがけっこうあります。こういった古いものを使うと何が問題かというと，さっき言った新しいハッシュ等の機能を 1 行で書けないんです。だから，当たり前の技術を劣化再発明し始めるんです。つまり 1 行で書けないから，頑張って 500 行とか書いちゃうんです。すごくお金がかかっている割に，脆弱性があったり，安全性がなかったりする状況が発生したりしています。

　だから，古いシステムの調達そのものを明確に排除する必要があるのかもしれないと思っています。ただ，日本のシステムのかなりの部分がこういった，たぶんもう使っちゃいけないもので動いているという現状があります。

　もう一つは，データ流出時の対応をシミュレーションしておく必要があるかと思います。今あるデータが漏れたとき，リセットするのか，それとも安心して今のままでいいと言えるのか。実際は，ソルトでできること，ハッシュ化でできることは，時間稼ぎです。情報が漏れてから気がつくまで，少しのタイムラグがある。そのタイムラグを稼ぐためのものがソルト化なので，そもそも漏らすなという話なんですが，もし漏らしたときにはリセットをかけてもらう必要があるんだろうなと思います。

　これからは監査がけっこう重要で，企業秘密ですとか，うちはちゃんとやっていますというのは，だいたい信用できなくて，実際 Symantec が「お前，セキュリティ会社のくせに，セキュリティちゃんとしていないだろう」ということに

なり去年くらいに Google から干されました。

実際に気づかれたのは Certificate Transparency という証明書の技術の総合開示から始まったんですが，結果的に Symantec という会社は事業ごと吹っ飛んで，ほぼなくなったという感じがあります。こういうセキュリティ分野でちゃんとやっているかということを，見ていくことが重要です。

「動けばよい」の，その次へ向かうことが必要です。今まではどうしても「動けばよい」となっているのですが，これからは「どう動けばよいのか」ということを，考えていく必要があると思います。

さて，ここまでが僕がミッションとして与えられたことになります。ここから先は，僕がしゃべりたいことについて，少しお話をします。

「識別」と「認証」の区別

パスワードを使うときに，けっこう重要なのは識別と認証の区別だと僕は思っています。識別は，この人は利用者番号何番の人という情報で，認証は確かにその人であるということを確認することです。

これは，図書館システムをパッケージとして導入していると両方同時に行われるのでよくわからないことになりますが，

ここがいろいろなことで重要になってきます。

　一つが，シングルサインオン［Single Sign-On］です。図書館が提供する，もしくは自分たちが使うシステムというのが，これまでいわゆるモノリシック［monolithic］といわれる一枚岩のようなシステムで，1つのシステムが動いていて，そこにログインするということが当たり前だったと思います。しかしもう現在の日常の生活の中や，図書館業務の中でも，施設管理はこれ，メールはこれ，グループウェアはこれということで，いろんなシステムがあり，いろいろなログインをしていると思います。これらをまとめてログインしたいというのがシングルサインオンという技術です。

　今や同じ組織でもいろいろなシステムが動いています。例えば，うち（カーリル）の会社の中でもメールがあったり，チャットがあったり，ユーザーの情報の管理があったり，クラウドシステムのサーバの管理があったりします。カーリルではこういったサービスへのログインに，SAML（サムル）という認証技術を使っています。認証そのものは，Google の基盤技術を使っています。つまり，Google ログインです。パスワードの管理は大変で，カーリルではどうしているのというと，全部 Google に丸投げしています。大量アクセス・不正アクセスがあったりとか，そういったものを常に監視していくことは，ものすごく大変なことになってきています。

　このようなシングルサインオンは，図書館でもう現実になってきています。例えば公共図書館で電子書籍サービス導入しました，というときの電子書籍の認証，どうなっているでしょうか。

　前にも問題にしたことがあるのですが，平文パスワードで送っているケースがけっこうあるみたいです。つまり利用者ID とパスワードを一緒にしたいので，1日1回バッチ処理でID・パスワードを電子書籍の

> 例えば、電子書籍の認証どうしますか。
>
> さすがに、業者に平文パスワードを渡してないですよね。

システムと同期していますということです。パスワードを平文保存してるのではないかみたいな話になってしまうわけです。

　こうなっているとやばいというのは，もうわかりますよね。つまり，電子書籍業者の人は，そのパスワードを見たら図書館システムにもログインし放題ということが，もう起きているかもしれないということです。もちろんそんなことはやらないと思いますが，そういうこともできてしまうということを知っておくことが，とっても重要になると思います。

　シングルサインオンのようなことは，世の中でいっぱい使われており，大学図書館ではもう当たり前になっています。大学で学籍番号を持っていて，それを使ってログインすれば，図書館システムにもログインし，学校のシステムにもログインし，あるいは有料の契約しているジャーナルを読んだりもできるようになってきています。これは認証フェデレーションや認証連携といわれる技術です。

認証フェデレーション

大学図書館では学認が普及
https://www.gakunin.jp/participants/

カーリル
Google,Yahoo,Twitter,Facebook…

大学図書館の場合

認証
大学の
認証サービス

識別
図書館システム

有料
データベース

電子書籍

　カーリルのサービスですが，Googleでログインするとカーリルのサービスが利用できるようになっています。このときに認証はGoogleが行いますが，識別はカーリルが行います。大学図書館の場合はログインすると，同じログインで図書館システム・有料データベース・電子書籍，全部アクセスできますよという状況になります。

　このときに，Googleがやっているのは認証です。ログインして，パスワードが正しいかどうか。パスワードを保存してい

るのは，認証サービスのほうです。そして，認証サービスから図書館システムに行ったときは，この人は確かにこの人であるという情報をやりとりするんです，技術的には。なかなか難しいんですが，「吉本さんは確かな人なので，お通しする」みたいなのが，認証サービスの仕事です。すると図書館システムは，「この人がこういってるのなら吉本さんに違いない」と。その後は識別しかしないんです。パスワードの確認ではなくて，識別をしていくことによって，分離することができます。

　これを踏まえると，公共図書館のパスワードの移行というのはこうなるはずです（理想の設計1）。

　市立図書館の認証サービスが1つあればいいんです，基本的には。そして，古い図書館システムから新しい図書館システムに移行したとしても，認証サービスが継続して動いていればいいんです。

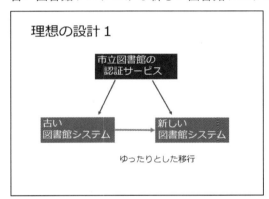

　ここではゆったりした移行と書いていますが，なぜなら識別だけなので，古い図書館システムについて，夏休みから先の予約はこっちのシステムでしてください。古いシステムは3か月くらい置いておくので，そっちでも使えますという運用もありなわけです。この日にガツンと止めてガツンと移行すると，ぎこちない動きをするんですが，もっとゆったりとした移行を行うことが，実はベンダーにとっても，あるいは利用者にとっても図書館にとっても楽なのかもしれません。その要はもしかし

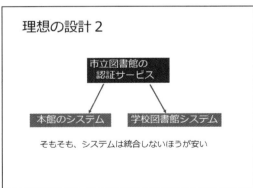

たら認証システムにあるのではないかと思います。

　こういうこともできます（理想の設計2）。市立図書館認証サービスは1つです。すると，市立図書館と学校図書館システムは別の会社のシステムが入っていたって，別にいいはずなんです。同じパスワードでログインして予約できますということもできるはずです。

　もっと難しいことにすると，こういうことができるはずです（理想の設計3）。県立図書館の電子書籍は，市立図書館の認証サービスが見てもいいよといえば見られる。要するに，市立図書館のログインをしていれば，県立図書館の電子書籍ページに行ったらなんかログインできている。ということもできます。大学図書館ではできるようになってきています。

　こういうことできますよね（理想の設計4）。市立図書館と町立図書館で共同購入した電子書籍が一緒のログインで読めます。このときに重要なのは，電子書籍の購入先のサービスでは認証しないので，識別だけなんです。もしかすると名前すら要らなくて，この人は○○市立図書館の利用者であるという識別だけで電子書籍サービスはいい。要するに電子書籍サービス側には，そこまで個人情報を渡す必要は本来ないはずなんじゃないかなと思います。

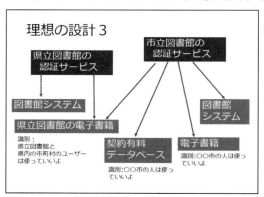

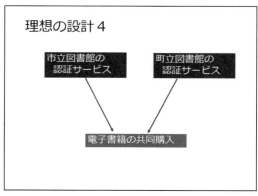

　こんなこともできます（理想の設計5）。評判の悪いマイナンバーカードを活用してほしい，といわれればできるわけです。マイナンバーがいいと言っ

第2章　学習会「図書館システム個人パスワードの管理と移行の課題」記録

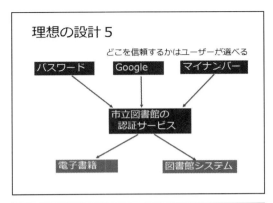

たから，市立図書館通してあげますよ，みたいな認証サービスの連携はもう技術上できていることですが，パスワードでもいいし，Googleでもいいし，マイナンバーでもいいし，どれを信頼して認証するかは，ユーザーが本当は選べばいいんだろうということです。

じゃあ，こういったこともできます（理想の設計6）。さっきは電子書籍につないでいましたが，市立の認証システムと県立図書館の認証システムをつなげば，市立図書館に登録している人は，県立図書館のサービスを全部受けられるみたいなシステム連携が，簡単にできるようになります。

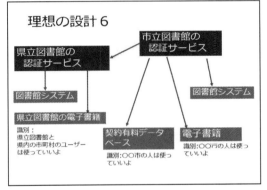

これは実装が既にいっぱいあって，OpenAM（オープンエーエム）とかKeycloak（キークロック）とかがあります。大学図書館はほとんど運用しています。なので，いろいろな認証ができます。ただ，認証（側）はとってもやることがいっぱいです。さっきのパスワードのソルト化なども，いい感じにやってくれるように，全部このオープンソースの中に入っています。

理想の設計
オープンソース実装
- OpenAM
- Keycloak
  https://www.keycloak.org/

認証専業クラウドの活用
- Auth0　認証基盤のAPI化
- Amazon
- Google

で，この状況の中で何を言ったらいいかと思ったのですが，パスワードに関することはやっぱり公共図書館とか大学図書館のパッケージの中で，見よう見まねでやる仕事ではない。パスワード運用するだけでものすごくコストがかかっていて，セキュリティを担保していくことに真剣に取り組んでいる中で，今のおままごとのようなシステムでやっていて本当にいいのかと思います。

　こういったオープンソースの実装はたぶん監査もされていて，今の時点ではベスト・プラクティスだと思います。来年には危険かもしれませんが，その対策は一緒にやっていきましょうということで，知見を共有しています。最近だと，認証専用クラウドもでてきています。この認証システム自体の運用がとても難しくて，なぜかというと，パスワードの秘匿性をいくら高く担保したとしても総当たり攻撃されてしまうわけです。外国のサーバなどから大量にアクセスがありますといったようなことに，図書館レベルで対処しなければいけないというのはけっこう大変です。これは一般の企業でもけっこう大変なことで，システムの運用自体が大変になっていて，そういったものを全部外注でやってくれるサービスも出てきています。

　例えば，Google や Amazon も最近そのようなサービスを外向けにも出しています。見よう見まねでやるよりも，よっぽど安全なことは確かです。

　じゃあ，こういったところに任せていいのかというと，考え方はいろいろあると思うんですが，実は認証というレイヤー（layer：階層）は，利用ログとは直接は紐づかないんです。もちろん，認証したというログはここ（認証サービス）に残りますが，認証したところに利用履歴は紐付かないんです。利用履歴とかの情報は，識別したあとに蓄積されるものだからです。どっちが安全なのかはバランスを持って考えないといけないんじゃないかと思っています。

　これはけっこう難しい。図書

- 図書館員も営業もSEも一緒に学習しよう
- まだ紹介したい技術はたくさん
- 世の中はパスワードレスへ
  FIDO （ファイド）

館員も営業も SE も僕も，一緒にもうちょっと勉強していかないといけないなと，改めて今回この講演を引き受けて思いました。

　まだ紹介したい技術はたくさんあります。世の中は，今，パスワードレスに向かっています。つまりこれまで話してきたように，パスワードはもう安全じゃないじゃん，とわかっているわけです。最近だと指紋認証とか，いろいろ新しい認証技術がいっぱいできてきていて，これをつなぎこんでいく，標準化していくという，FIDO<sup>という取り組みも，今進んできています。まだいっぱいやることがあるなということで，まずは情報提供とさせていただければと思います。

　ありがとうございました。

　【拍手】

質疑応答

A（公共図書館職員）：素朴な質問です。パスワードが 1 から 6 桁という話が出ましたが，銀行は 4 桁なのですがなぜ大丈夫なのでしょうか？

吉本：すごくいい質問だと思います。それは総当たりの回数を制限しているからなんです。確率論になるのですが，ATM で 3 回ミスったらロックされますよね。これが実は重要なことで，たぶん市立図書館はこの制限がなくて，トライし放題になっていると，生年月日とかは一瞬で解けてしまいます。

　だからセキュリティの話は，技術というか，ハッシュ化しているという話と同時に，オペレーション・運用のほうがとっても重要です。セットでやらないと全体は担保できないということです。

　図書館もしっかりと運用の仕方を見ていかないと，どこかで脆弱性が生まれてきます。そしてその脆弱性のほとんどは，人的なところで生まれているといわれています。電話で聞くとヒントになる情報を教えてくれるとかです。今あるハッキングは，ソーシャルハッキングがほとんどだと思われるので，実際に運用面の課題がかなりあるかと思います。

司会：図書館システムによっては，ログイン回数の制限をしているところ，し

ていないところがあります。また制限していると，利用者から「ログインできなくなった」という問い合わせが増えるので，システム担当者として，どのへんでバランスをとればいいのか悩ましく思いながら聞いていました。

B（公共図書館職員）：先ほどの識別と認証の話を非常に興味深く聞きました。その識別と認証についてお尋ねしますが，「吉本さんはこういった人間でしっかりしている人間だから応答しよう，というのが認証」というように説明されていましたが，その続きで識別をご説明していただくことはできますか。

吉本：認証というのは「この人はこの人である」ということです。最初の「免許証見せてください」みたいなことがパスワード入力で，そのあと「この人は大丈夫ですね」と確認した後で「この人は吉本さんなのでよろしく」と他の人につなぐわけです。それを受け渡された人は，識別では「この人が吉本さんである」とわかればいいので，その人が大丈夫な人かどうかは気にしません。ただし重要なことは，紹介する人と受け渡された人の間には信頼関係がないといけません。だからこれは，システムの裏側でそのためのプロトコル[9]を使って行われます。

　例えばOAuth（オーオース）といわれるプロトコル等があります。Googleにログインをしたときに，その裏側では何が起きているかを見てみますと，ユーザーはGoogleにログインし，その後カーリルにつなぎますという指示が入るんですけど，そのとき裏側ではGoogleから「この人からログインがありましたので，この人を通してあげてください」という情報が裏側のルートでカーリルに送られてきます。そうするとカーリルは，「Googleから来たのでその次に来るこの人は扉を開けていいんだな」と判断します。OAuthは，裏側で紹介を受けることにより，その人がその人であるとの確認を受け渡すことをやっています。

　これが，表側だけを通ってしまった場合は「Googleに行って，この人は吉本ですというと紙をもらえて，それを持ってカーリルに行きなさい」という仕組みのようになりますので，その紙を改ざんされちゃったりするわけです。

　そうではなくて，その紙はGoogleから直接カーリルに来る。そしてもう一つ別表を渡すんで，それを持ってカーリルに来ると，カーリル側で紙をあわせて「はい，通っていいですよ」みたいなことが，認証フェデレーションで行わ

第2章　学習会「図書館システム個人パスワードの管理と移行の課題」記録

れていることになります。

　このようなことは規格化・標準化がかなりされていて，さっきのSAMLという技術などで，どのシステムとどのシステムでも認証，ログイン状態を引き渡すことが，かなりできるようになってきています。

　それ自体は安全なのかというと，攻撃するところはいっぱいできちゃうんです。実際このようなことが始まった今から10年前ころはOpenIDとかでいろいろな脆弱性が出ていました。今はかなり安定しているといわれているんだけれども，やっぱり常に脆弱性をつぶしていくということは行われていると思います。

C（公共図書館職員）：パスワードの移行についてうかがいます。A社からB社に変わりパスワードを引き継ぐときに，パスワードをハッシュ化しているとすれば，アルゴリズムやパラメータ[10]ごと，市役所・図書館を通して引き継ぐみたいな形になると思います。そうすると，そのときの脆弱性というものも気になります。このようなことについても図書館自身が認識して，セキュリティに関する意識を高く保っておかないといけないということになるのでしょうか。

　また，認証を図書館でやるなどの部分も運営するのであれば，例えばパスワードをバックアップするときに平文保存してしまうことなども出てしまうのではないかと思いますので，その辺は図書館も勉強してセキュリティ意識を高めないといけないということなのでしょうか。

吉本：まさにそのとおりだと思っていて，たぶん「ついバックアップをとっちゃったり」とかは，今の段階だとやっちゃいそうだという気がします。でも，本当かどうかはわからないですが，なんとなくGoogleやAmazonはそのようなバックアップをしたりとかはやっていないような信頼感があると思います。実際はやっているかもしれませんが，やったのならけっこう大きな問題になるかもしれません。でも，図書館ではまだ大きな問題と思われていないのかもしれません。だから，そこの意識改革はとても重要だし，すごく難しいのは，意識が高まれば高まるほど手に負えなくもなるし，ということがあります。ここでのガイドライン的なものだったりとか，どこまで外出ししてもいいのかとい

79

うことを把握するためにも，知識は必要なんだろうと思っています。

司会：データ移行時のデータも，業者が変わるときにディスクで納品してもらう場合があります。成果物であるディスクがないと契約上は支出できないのかもしれませんが，そのディスクそのものの必要性や，破棄まで責任もって行うことの重要性を，行政や図書館員側が認識しなければいけないと思いました。

吉本：けっこうよくある脆弱性に，パスワードを平文で残していたり，すごくしっかり実装したのにログに平文が残っちゃってましたというのがあります。実は去年は Twitter のようなところでもこのようなミスが起きました。ちゃんとログを見ていくとかを図書館でどうやってやるかはけっこう難しいんですけど，でも残っているものを見ていくことを，誰がやっていくかは考えないといけないと思います。要は気づいてなかったけれども，それが事故や故意ではないので，このようなことの安全性をどう担保するかは難しいと思っています。

D（公共図書館職員）：理想の設計として出していただいた，認証フェデレーションの話ですが，図書館のシステムが電子書籍等を含めて多様なシステムをどんどん導入してきていて，どこまでをどれだけ調達をかけ続けなければならないのかみたいなところはわかるんですけれども，一方で図書館では，電算システム担当者が一人いれば運がいいというくらいの世界なので，どうすればよいのかなと感じました。

吉本：おっしゃるとおりだと思っています。逆にいうと，すでに今の図書館システムがごった煮というか，本当にいろいろ詰まっているんだろうなと思います。つまり，パスワードだけの話を取り出しただけでもこんなに盛り上がるし，考えないといけないけど，現状ではしれっとできているみたいなことになっているわけじゃないですか。

　今の認証フェデレーションとかこのあたりの話は，イメージとして近いのはたぶん WEB サーバとか，そういうコンポーネント [11]だと思います。つまり，図書館システムの一部として取り込まれていて，どこのベンダーが入れてもアパッチ [12]とか入っているよね，とかいうものがあるんですが，実はそういう扱いになってくればスムーズっていう話もありますし，そもそも一つ一つのコンポーネントが専業化というか，複雑化していくのは世の常です。でも標準化

が進んで枯れてくれば，個々に考えることは減ってきます。複雑化とコンポーネント化，標準化による省力化が同時に進行していくはずです。

　どっちにしても運用が大変になっていることは事実で，これをどうやっていくのかということは，僕は今すぐの答えを持ち合わせていないので，これから議論できればと思っていることです。すごく大変だと思います。運用自体は，これから考えなければいけないことが非常に増えていると思います。

司会：それでは時間となりましたので，質疑応答はここまでにしたいと思います。本日は，パスワードの移行ということから，パスワード管理の現状をお話しいただきました。また，現状で考える理想の形もご提示いただきました。

　私自身も都道府県立図書館に勤務していますので，インターネットで受付して府立図書館資料を市町村を通じて貸出することや，府立図書館で電子書籍を入れるのに，利用者が登録に来なくてもできる方法などを考えながら聞きました。郵送で申請できる県でも申請書は郵送しなければならないということも聞きます。こういったことの解決策になるのかなと思いながら，話をうかがわせていただきました。

　今後もこういった機会や議論の機会をぜひ持つことができればと感じたところです。データ移行検討会はこの（2018年）3月で終わっている形になっていますが，今日の話を含めて，なんらか次につなげる形を生み出したいと思っています。そのときにはまた，ぜひ皆様からご意見いただけたらと思います。
吉本さま，本日はありがとうございました。

吉本：ありがとうございました。

【拍手】

（了）

注
1) ベンダー【Vender】：ハードウェアやソフトウェアの製造供給元企業。ここでは図書館ベンダー（図書館システムの開発製造元）のこと。
2) ダークウェブ【Dark Web】：アクセスには専用ツールが必要で，運営者の特定が非常に困難なサイト。
3) セキュア【secure】：データなどが安全な状態に保たれていること。

4) チェックサム 【Check Sum】：データの誤りを検出するための符号。データ数列の和を特定の値で除算した余りを求め，元のデータに付加し，元データと比較することで誤りを検出する方法。

5) チェックデジット 【Check Digit・C/D】：データの誤りを検出するための符号。データ数列から一定のルールで算出した値を求め，元のデータに付加し，元データと比較することで誤りを検出する方法。

6) アルゴリズム 【algorithm】：手順を定式化した形で表現したもの。

7) オープンソース 【Open Source Software】：利用者の目的を問わず，ソースコード（プログラム）を使用・修正・再配布などが可能なソフトウェア。

8) フレームワーク 【Web Application Framework】：Web サービスの開発をサポートするために設計された機能群。

9) プロトコル 【protocol】：コンピュータなどで通信する際の取り決め（通信規約）。

10) パラメータ 【parameter】：動作を制御するための設定値。

11) コンポーネント 【Software Componentry】：特定の機能を果たす単位。

12) アパッチ 【Apache HTTP Server】：一般的に使われている Web サーバソフトウェア。

編集後記

　本検討会は，2015 年 10 月 1 日から 2017 年 3 月 31 日までの時限付き委員会として発足しました。しかし，検討する内容が多岐にわたることからその後 2018 年 3 月 31 日まで設置期間の延長を行い，2018 年 3 月に日本図書館協会の理事会に報告，その成果を日本図書館協会のホームページで公開しました。

　その後，いくつかの報告会の開催などを経て，この報告書の刊行まで至ることができました。本書に載せた報告書は，最初の公開後にいただいたご意見などを元に加筆した 1.10 版になります。

　ご協力いただきました皆様，ご意見をお寄せくださった皆様，そしてさまざまな形で活動を支えてくださいました日本図書館協会の皆様に，この場をお借りして心から感謝申し上げます。

　吉本氏は講演の中で「昔は当たり前だったことが，いろいろ情勢の変化や認識が変わり，どんどん変わっていきます」と述べています。この言葉のとおり，本書が取り上げるテーマは，変化の大きな分野です。

　最初の報告書公表から刊行までの間に，報告書 p.17 の『日本目録規則 2018 年版』が 2018 年 12 月 25 日に刊行されました。あわせて，「NACSIS-CAT/ILL の軽量化・合理化について」も，さらに検討が進められています。また，同 p.18 の「図書館利用のプライバシー保護ガイドライン」は，「デジタルネットワーク環境における図書館利用のプライバシー保護ガイドライン」として 2019 年 5 月 24 日に公開されました。

　常に変化を続けている分野であることを念頭に置きながら，ぜひ本報告書をご活用いただき，そして次の活動へとつながっていくことを期待しております。

JLA Booklet no.5 ••

図書館システムのデータ移行問題検討会報告書
－学習会「図書館システム個人パスワードの管理と移行の課題」記録

2019 年 9 月 10 日　初版第 1 刷発行
定価：本体 1,000 円（税別）

編著者：日本図書館協会図書館システムのデータ移行問題検討会
表紙デザイン：笠井亞子
発行者：公益社団法人　日本図書館協会
　　　　〒 104-0033　東京都中央区新川 1-11-14
　　　　Tel 03-3523-0811 ㈹　Fax 03-3523-0841　　www.jla.or.jp
印刷・製本：㈱丸井工文社

••

JLA201910　ISBN978-4-8204-1905-1　　　　　　　　　　　　Printed in Japan
本文用紙は中性紙を使用しています